가장 확실한
노후대비

초보를 위한 노후대비책

가장 확실한
노후대비

저자 **강창희**

오래사는 **리스크 관리** 노하우
노후대비 **부동산 투자** 노하우
정기적인 **포트폴리오 점검** 노하우

長生의 RISK(오래 사는 위험) 노후대비 부동산 투자 좋은 펀드 고르는 법 펀드투자는 적립식이나 포트폴리오 방식으로 부동산과 금융자산의 적정 비율 직접금융 자기집의 재산상태 신중을 기해야 할 노후 대비 아파트 투자 외국계 자산운용사의 투자 종목 선정 기준 좋은 펀드 고르는 법 저축과 투자의 차이 포트폴리오에 편입시킬 펀드의 선정 정기적으로 포트폴리오를 점검하라 분산투자는 하락국면에서 위력을 발휘한다 부동산과 금융자산 長生의 RISK(오래 사는 위험)에 대비하자 노후대비 부동산 투자에 문제는 없는가? 부동산과 금융자산의 적정 비율은? 저축과 투자의 차이를 이해하자 금융자산운용은 펀드 중심으로 펀드투자는 적립식이나 포트폴리오 방식으로 포트폴리오는 어떻게 짜는가? 포트폴리오에 편입시킬 펀드의 선정은? 펀드투자 정기적으로 포트폴리오를 점검하라 훌륭한 자산운용의 주치의를 만나라 오래 사는 위험에 대비하자 가장 확실한 노후대비는 평생현역 자기집의 재산상태를 파악해보자 땅도 수입해 올 수 있는 시대 무리하게 돈을 빌려서 내 집을 갖는 위험 신중을 기해야 할 노후 대비 아파트 투자 성공적인 투자의 기본 투자 대상의 분산 저축 시대에서 투자의 시대로 금융자산운용은 펀드 *Design Your Old Age* 고르는 법 정기적으로 포트폴리오를 점검하자 해외투자에 성공하려면 분산투자는 하락국면에서 위력을 발휘한다 훌륭한 자산운용의 주치의를 만나라 부동산과 금융자산

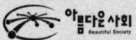

목 차

제 I 부 생애설계와 자산운용

1. 長生의 RISK(오래 사는 위험)에 대비하자   9
2. 노후대비 부동산 투자에 문제는 없는가?   11
3. 부동산과 금융자산의 적정 비율은?   14
4. 저축과 투자의 차이를 이해하자   15
5. 금융자산운용은 펀드 중심으로…   17
6. 펀드투자는 적립식이나 포트폴리오 방식으로…   19
7. 포트폴리오는 어떻게 짜는가?   20
8. 포트폴리오에 편입시킬 펀드의 선정은?   26
9. 정기적으로 포트폴리오를 점검하라   27
10. 훌륭한 자산운용의 주치의를 만나라   29

제 II 부 해 설

1. 오래 사는 위험에 대비하자   32
2. 인생 세 번의 정년을 어떻게 맞을 것인가?   36
3. 인생 2모작 시대의 후반인생설계   40
4. 재테크보다 재취업을 먼저 생각하라   44
5. 재취업에 대한 마음가짐   48
6. 정년 후의 사회공헌활동   52
7. 가장 큰 투자엔진은 자신의 직업이다   56

8.	가장 확실한 노후대비는 평생현역	*60*
9.	자기집의 재산상태를 파악해보자	*64*
10.	땅도 수입해 올 수 있는 시대	*69*
11.	무리하게 돈을 빌려서 내 집을 갖는 위험	*74*
12.	신중을 기해야 할 노후 대비 아파트 투자	*79*
13.	성공적인 투자의 기본은 투자 대상의 분산	*83*
14.	저축의 시대에서 투자의 시대로	*87*
15.	금융자산 관리는 세 개의 주머니로	*92*
16.	외국계 자산운용사의 투자 종목 선정 기준	*96*
17.	왜 배당주투자인가?	*100*
18.	금융자산운용은 펀드투자로	*104*
19.	'어린이 펀드'로 자녀 경제 교육과 학자금 마련을	*110*
20.	자신의 형편에 맞는 투자포트폴리오 짜기	*114*
21.	좋은 펀드 고르는 법	*117*
22.	정기적으로 포트폴리오를 점검하자	*122*
23.	해외투자에 성공하려면	*128*
24.	분산투자는 하락국면에서 위력을 발휘한다	*133*
25.	훌륭한 자산운용의 주치의FP를 만나라	*138*
26.	현명한 투자자는 기업·사회를 바꾼다	*143*
27.	왜 직접금융인가?	*147*
28.	왜 지금 CFO가 주목을 받고 있는가?	*154*

제1부

생애설계와 자산운용

1. 長生의 RISK(오래 사는 위험)에 대비하자

■ 왜 투자를 하는가?

한 국	미 국
- 돈을 벌어 보려고 (무목적 충동 투자)	- 노후대비 - 노령층은 물론 젊은 세대까지도 - 여성들은 혼자 사는 10년에 대비하여 (확실한 목표를 설정)

평균수명보다 일찍 죽을지도 모르는 위험에 대비하여 생명보험에 가입하고, '너무 오래 사는 위험'에 대비하여 투자를 해야 한다.

■ 건강

■ 인생의 보람
1) 자기 수명의 60%는 일을 해야.
2) 늦게까지 일을 하려면…?
3) NPO (Non Profit Organization) 활동
4) Second Life Innovation

■ 경제적 기반

고령인구의 생활비 마련방법

【한국】 65세 이상 대상

> 자녀·친척의 도움(40.1%), 본인 및 배우자의 근로·사업소득(38.6%), 본인 및 배우자의 재산소득(10.7%), 본인 및 배우자의 연금(6.5%), 정부 및 사회단체(3.8%), 기타 (0.3%)

【일본】 60세 이상 대상

> 공적연금(43%), 근로·사업소득(23%), 기업·개인연금 및 보험(11%), 저축자금 인출(11%), 부동산 수입(4%), 자녀·친척 등의 도움(4%), 이자배당 소득(1%)

2. 노후대비 부동산 투자에 문제는 없는가?

- 땅도 수입해올 수 있는 시대
- 신중을 기해야 할 노후대비 아파트 투자

우리집의 재산 상황

실물자산	아파트 자동차 기타	부 채	7억원
금융자산	현금 예금 주식 채권 펀드 보험 연금	자기자본	3억원
계 10억원		계 10억원	

1) 위험한 자산구조를 갖고 있지는 않은가?
2) 무리하게 차입을 하여 내 집을 갖는 위험
3) 부동산에 편중된 자산구조를 갖고 있지는 않은가?

■ 한·미·일 가계의 부동산과 금융자산의 비율

일반적으로 한 국가의 경우에는 후진국에서 선진국으로 갈수록, 개인의 경우에는 연령이 높아질수록 실물자산에 대한 금융자산의 비율이 높아진다.

국가	부동산	금융자산
한국 (2005년 말)	90	10
미국 (2003년 말)	30	70
일본 (2003년 말)	33	67

출처) 한국(상공회의소), 미국(FRB, Flow of Funds), 일본(내각부, 국민경제 계산)

■ 부동산 가격상승률

1990년대 중반 이후 부동산 가격 상승은 세계적인 추세였다.

세계 주요도시 주택가격 상승율 (1995~2002)

더블린 273%	런던 182%	스톨홀름 115%
시드니 101%	암스테르담 102%	마드리드 101%
뉴욕 75%	브렛셀 50%	밀라노 40%
토론토 38%	파리 37%	서울 34%
프랑크푸르트 9%	도쿄 -32%	

■ 주택의 공급과 수요

1) 주택의 공급은 왜 늘어나는가?
2) 주택수요는 왜 줄어드는가?

한국의 합계출산율의 변화 추이

년도	1960	1974	1984	1993	1999	2001	2002	2003	2005
합계출산율	6.0	3.6	2.1	1.8	1.42	1.3	1.17	1.13	1.08

※ 미국 : 2.2 (2002), 일본 : 1.29 (2003), 선진국평균 : 1.6 (2002)

3. 부동산과 금융자산의 적정 비율은?

- 어느 한 곳에 재산을 집중시켜서는 안된다.

- 나이가 들수록 금융자산의 비율을 높여야 한다.

- 캘리포니아 땅부자의 가난뱅이 신세

4. 저축과 투자의 차이를 이해하자

■ 저 축 : 아껴서 모으다

1) 단기간 내에 써야 할 자금, 원금이 깨져서는 안되는 자금은 저축을 해야 한다.
2) 대표적인 저축상품 : 예금, 지급액이 확정된 보험, 지급액이 확정된 연금

■ 투 자 : 가능성을 믿고 자금을 투하하다

1) 단기간 내에 써야 할 자금은 따로 마련되어 있고, 자금을 장기간 시장에 묻어 둘 수 있으며, 단기적인 시황변동(테러사태와 같은)은 참고 견디겠다는 각오가 되어 있는 자금은 투자를 해야 한다.
2) 투자에는 위험이 따른다는 것을 꼭 알아야 한다.
3) 대표적인 투자상품 : 주식, 채권, 선물, 옵션, 펀드, 변액보험, 변액연금

■ 저축의 시대에서 투자의 시대로

1) 다시 두자리수 금리시대를 기대하기는 어렵다.
2) 위험을 감수하더라도 공부를 하여 투자를 하지 않고는 자산형성이 어려운 시대가 되었다.

■ 한·미·일 가계금융자산 구성

구분		금액	현금예금	채권	투자신탁 수익증권	주식 출자금	보험 연금 신탁	기타	계
한국	2004년 말	1,078조원	55.9	3.8	6.3	7.6	23.2	3.2	100.0
	2005년 말	1,408조원	46.4	3.4	5.9	20.2	23.1	1.0	100.0
	2006년 6월말	1,433조원	46.7	3.0	6.4	18.8	24.1	1.0	100.0
	2007년 3월말	1,542조원	45.3	2.7	7.4	18.7	25.1	0.8	100.0
미국	2006년 3월말	47.8조달러	13.3	7.5	14.0	31.0	31.4	2.8	100.0
일본	2005년 3월말	1,416조엔	54.8	2.1	2.7	5.8	27.2	7.4	100.0
	2006년 9월말	1,495조엔	51.4	2.4	4.0	10.7	27.1	4.6	100.0

주1) ▨ 부분은 투자상품
주2) 한국의 경우, 2004년 말까지는 확정치, 2005년부터는 잠정치임
주3) 한국의 경우, 2004년 말까지 액면기준, 2005년부터는 시가기준, 미·일은 시가기준임
주4) 1975년의 미국 가계금융자산구성 : 예금 55%, 주식 29%, 채권 14%, 투자신탁 2%
출처 : 미국연방준비은행, 일본은행, 한국은행자료

5. 금융자산운용은 펀드 중심으로…

■ 펀드란?

운용전문기관이 일반투자자로부터 자금을 모아 주식, 채권 등에 투자하고 여기에서 얻는 수익금을 투자자에게 배분해주는 제도 (펀드 = 수익증권, 간접투자상품, 투자신탁)

■ 왜 펀드인가?

1) 투자상품의 분석과 분산투자를 전문가가 대신 해준다.
2) 소액으로 투자하기 어려운 초고주가 주식 또는 해외증권투자도 가능하다.
3) 자기 직업에 충실할 수 있다 : 가장 큰 투자의 엔진은 자신의 직업

■ 펀드의 종류는?

〈운용대상에 따른 분류〉

1) 주식형 펀드 : 주로 주식에 운용(대부분 60% 이상)하기 때문에 주식시황에 따라 가격이 크게 오르기도 하고 떨어 질 수도 있는 펀드이다.

2) 채권형 펀드 : 채권, CP 등에 운용하기 때문에
안전성이 높은 펀드이다.

3) CMA [Cash Management Account]
: 만기가 짧은 채권, CP 등에 운용하여 고객이 원하면
수시로 해약 가능하다.

〈어떤 옷을 입었느냐에 따른 분류〉

1) 일반 펀드
2) 변액 유니버셜
3) 변액 연금보험

6. 펀드투자는 적립식이나 포트폴리오 방식으로…

■ **적립식 : 소액투자, 시간분산투자**

■ **포트폴리오 방식 : 목돈투자, 종목분산투자**

■ **포트폴리오(Portfolio)란?**

1) 이태리어로「서류를 끼우는 홀더」라는 뜻으로 금융상품을 넣는 바구니, 보유금융자산 일람표를 말한다.

2) 자신이 보유하고 있는 자산이, 금융자산별 또는 종목별로 어떤 구조로 되어 있는가를 한눈에 볼 수 있는 표이다.

7. 포트폴리오는 어떻게 짜는가?

■ 자신의 형편에 맞게 짠다

1) 나이, 재산 상태, 가족 상황, 자신의 투자 성향,
2) 운용목표 및 운용기간 : 노후대비 자금, 자녀학자금, 주택 자금, 결혼 자금 등

■ 자신의 형편을 고려한 리스크 허용도 측정

투자자의 리스크 허용도 측정 사례

1. 자산운용에 대한 귀하의 생각은 다음 어느 항목에 가장 가깝습니까?

  A : 나는 투자에 대하여 안정성을 매우 중시하고 있기 때문에 어떤 경우에도 투자원금이 깨지는 것을 원치 않는다.

  B : 나의 주된 투자목적은 이자·배당등 정기적인 수입을 얻는 데에 있다.

  C : 나의 주된 투자목적은, 어느 정도의 이자·배당 등, 정기적인 수입을 얻는 데에 있지만, 약간의 원금손실 위험을 감수하고 투자자산의 가치가 증대되는 것도 고려하고 싶다.

D: 나의 주된 투자목적은, 다소의 원금손실 위험을 부담하더라도 투자자산의 가치를 증대시키는 데에 두지만, 이자·배당 수입 등 정기적인 수입도 고려하고 싶다.

E: 나의 주된 투자목적은, 원금손실의 위험을 감수하고라도 투자자산의 가치를 크게 늘리려는 데에 있다.

A=1, B=3, C=5, D=7, E=9

2. 모든 투자자산은 시장상황에 따라 가치가 늘기도 하고 줄기도 할수 있습니다. 이렇게 투자자산의 가치가 상하로 변동하는 정도를 「변동성」이라고 합니다. 가치의 상승폭은 하락폭보다 언제나 클 것이라는 보장은 없습니다. 일반적으로 변동성이 큰 투자는 그만큼 리스크가 큰 투자인 것입니다. 귀하의 투자목표를 고려할 경우, 허용될 수 있는 변동성은 어느 정도라고 생각하십니까?

A: 아주 약간. 수익이 낮더라도 투자원본을 유지하고 싶다 (예를 들어 투자기간 내에 -5%에서 +5% 정도의 진폭으로 투자가치의 증대를 기대한다).

B: 약간. 자산가치의 증대를 기대할 수 있을 만큼 건전하고 우량한 투자라면, 때로는 다소 손실이 발생해도 괜찮다 (예를 들어, 투자기간 내에 -10%에서 +10% 정도의 진폭으로 투자가치의 증대를 기대한다).

C : 상당히. 충분히 고수익을 얻을 가능성이 있다면, 상당히 큰 리스크가 있어도 상관없다 (예를 들어, 투자기간 내에 +20% 이상의 투자가치 증대를 기대하지만, -20%까지 가치하락이 있어도 납득할 수 있다).

A=1, B=5, C=9

3. 장래 인플레가 발생할 가능성이 있다고 가정해봅니다. 예를 들어 원본이 100% 보증된다고 해도, 투자수익율이 인플레율보다 낮으면, 실질적으로 투자자산의 가치가 줄어들게 됩니다. 이러한 사태가 발생한다면 여기에 대처하는 귀하의 생각은 다음의 어떤 항목에 속합니까?

A: 수익율이 인플레율보다 낮은 수준으로 간다고 해도 투자원본은 유지하고 싶다.

B: 수익율이 인플레율과 거의 비슷한 비율로 가는 것이 중요하기 때문에, 이를 위해서 때로는 투자원금이 감소하는 리스크를 부담해도 좋다.

C : 수익율이 인플레율보다 높은 수준으로 지속되는 것이 중요하다. 따라서 이를 위해서는 그에 상응하는 리스크를 부담하겠다.

A=1, B=5, C=9

4. 투자자산의 가치가 변동하는 폭을 1년 단위로 생각해볼 경우, 연간 손실로서 허용될 수 있는 한도는 어느 정도입니까?

A : 0%   B : -5%   C : -10%   D : -20%   E : -30%

A=1, B=3, C=5, D=7, E=9

5. 다음과 같은 투자대상 (가), (나)가 있다고 가정합니다. (가) 평균해서 연율 4%의 수익을 올리면서 리스크가 약간 있는 상품, (나) 평균해서 연율 15%의 수익이 기대되지만, 어느 1년 동안에는 원금의 20% 또는 그 이상의 손실이 발생할 가능성이 있다. 귀하의 투자목표를 고려할 경우 투자대상 (가)와 (나)의 비중은 어느 정도가 적당하다고 생각하십니까?

A : (가)에 100%, (나)에 0%   B : (가)에 80%, (나)에 20%

C : (가)에 50%, (나)에 50%   D : (가)에 20%, (나)에 80%

E : (가)에 0%, (나)에 100%

A=1, B=3, C=5, D=7, E=9

♣ 회답의 합계 점수를 산출하여, 5~12점일 경우에는 「원본중시형」, 13~20점일 경우에는 「이자·배당 중시형」, 21~28점일 경우에는 「이자·배당 및 시세차익 절충형」, 29~36점일 경우에는 「시세차익 중시형」, 37~45점일 경우에는 「시세차익 추구형」이라고 판정할 수 있다.

■ 리스크 허용도에 맞는 포트폴리오 구성

1) 리스크 허용도별 모델 포트폴리오

① 원본 중시형 (예금·CMA 50%, 채권형 40%, 주식형 10%)
원본확보를 최우선으로 한다. 유동성이 높고 원본이 깨질 가능성은 거의 없는 반면 수익율은 낮아질 수 밖에 없다.

② 이자·배당 중시형 (예금·CMA 25%, 채권형 50%, 주식형 25%)
유형①과 마찬가지로 수익율보다는 원본손실 위험의 회피를 중시한다. 수익율이 높은 상품의 편입비율을 다소 높인 관계로 유형①에 비해 원본손실의 위험이 커지고 유동성도 다소 낮아진다.

③ 이자·배당 및 시세차익 절충형
 (예금·CMA 10%, 채권형 50%, 주식형 40%)
수익율 추구와 원본손실 위험의 균형을 고려한다. 유형② 보다 높은 수익율을 추구하는 대신 높은 위험도를 감수해야 하기 때문에 원본이 깨질 가능성도 있다.

④ 시세차익 중시형 (예금·CMA 5%, 채권형 30%, 주식형 65%)
가격변동의 위험을 적극적으로 수용하여 평균이상의 수익율 달성을 최우선한다. 이자·배당수입은 그다지 고려하지 않고 주식의 시세상승차익을 수익의 중심으로 생각한다.

⑤ **시세차익 추구형** (예금·CMA 5%, 채권형 20%, 주식형 75%)
원본손실의 위험을 회피하기 보다는 고수익율의 확보를 우선하고 주식의 시세상승 차익을 중시한다. 장기투자에 적합한 투자상품을 엄선하여 3~5년의 투자기간에 수익을 내겠다는 포트폴리오 전략이다.

2) 나이만을 고려할 경우 노후자금 마련을 위한 포트폴리오

100에서 자신의 나이를 뺀 만큼(예 40세인 경우 100-40=60%)의 비율을 주식 또는 주식형 펀드에 투자

8. 포트폴리오에 편입시킬 펀드의 선정은?

■ 개별 펀드의 성격
1) 주식형 펀드, 채권형 펀드, CMA
2) Active Fund, Index Fund
3) 성장주 펀드, 가치주 펀드, 배당주 펀드, 혼합형 펀드
4) 국내 펀드, 해외 펀드

■ 운용회사의 평판
세계적으로 성공한 운용회사의 특징

■ 과거의 운용성적 (Track Record)
꾸준히 중상 이상의 수익율을 기록해온 펀드

■ 수수료
1) 운용수수료
2) 판매수수료

9. 정기적으로 포트폴리오를 점검하라

■ 재조정

1) 현실의 포트폴리오가 당초의 자산배분 계획대로 유지되도록 노력하는 것이다.
2) 정기적인 재조정하는 방법과 일정비율 이상의 괴리가 생겼을 경우에 재조정하는 방법이 있다.

■ 재배분

1) 자산배분계획 자체를 바꿀 필요가 없는지를 검토하는 것이다.
2) 금융시장환경, 나이, 가족, 여타 재산상태, 자신의 직업으로부터 얻는 수입 등의 변화를 고려하여 변경한다.

■ 시황전망을 고려할 경우와 중립으로 할 경우

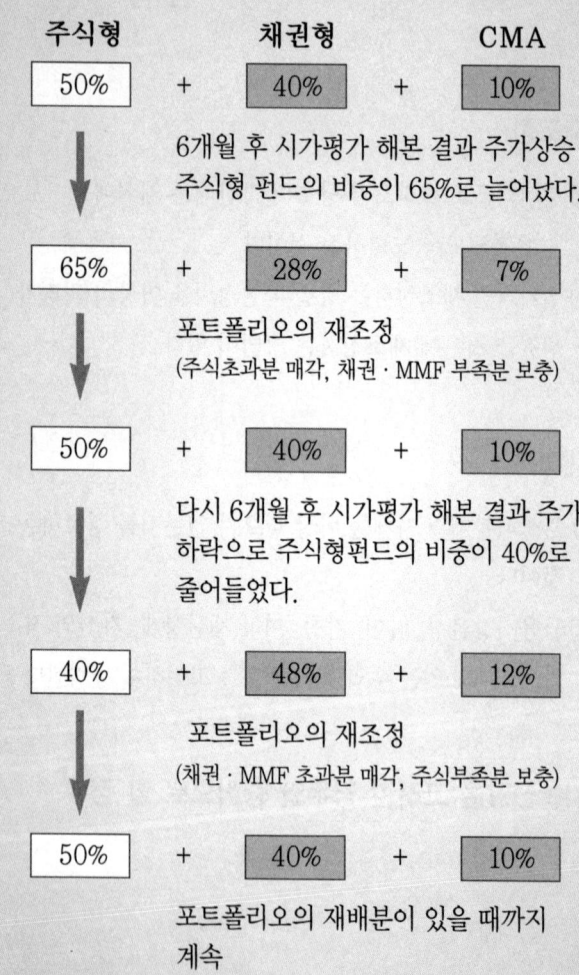

10. 훌륭한 자산운용의 주치의를 만나라

■ FP, FC, FA, PB

1) FP (Financial Planner)
2) FC (Financial Consultant)
3) FA (Financial Advisor)
4) PB (Private Banker)

■ 신뢰할 수 있는 FP

■ 실력파 FP 선별법

제 2 부

해설

1. 오래 사는 위험에 대비하자

 필자는 가능한 한 「재테크」라는 용어를 쓰지 않는다. 돈 버는 기술이란 뜻의 일본어가 수입되어 여과 없이 쓰여지고 있다고 생각하기 때문이다.

 재테크보다는 투자, 자산운용, 자산관리 등의 용어로 주로 쓰는데, 이들 용어 또한 얼마에 사서 얼마에 팔아 얼마를 벌었다는 식의 재테크의 의미로는 쓰지 않는다. 운용(투자)대상의 분산을 통해 위험을 관리하면서 장기적으로 자산을 늘려간다는 의미로 쓰고 있다.

 따라서, 투자자에게 자산운용에 대한 조언을 할 때는 자산운용자체만을 떼어서 생각하지 말고 투자자자신의 형편이나 인생목표를 먼저 생각하라고 조언한다. 자산운용 설계는 생애설계와 병행해서 생각해야 한다는 뜻이다.

 그렇다면 생애설계에서 가장 먼저 생각해야 할 것은 무엇인가? 長生의 리스크 즉, 오래 사는 위험이다. 자산운용을 이야기 하다가 느닷없이 웬 오래 사는 위험이냐고 할 지 모르지만 여기에는 그럴만한 이유가 있다.

'오래 사는 위험'이라는 말을 필자는 4년 전에 처음 보았다. 4년 전에 한 투신운용사의 대표로 일하고 있을 때의 일이다. 당시 우리 회사의 고문이던 티모시 메카시 씨가 일본인을 대상으로 쓴 책 한 권을 필자에게 주었다. 『일본인이여 돈에 눈을 떠라』는 제목의 책이었다.

무슨 내용을 썼을까? 하고 목차를 훑어보니 세 번째 줄에 '장생(長生)의 리스크'라는 말이 있는 것이다. 장생의 리스크? 오래 사는 게 위험하다고? 인류의 간절한 소망 가운데 하나가 오래 사는 것인데 오래 사는 게 위험하다니? 이런 생각을 하면서 필자는 그 페이지를 찾아가 보았다.

그런데 그곳에 '우리가 병이 들거나 교통사고로 평균수명보다 일찍 죽을지도 모르는 위험에 대비해서 생명보험에 가입하는 것처럼, 오래 사는 위험에 대비하기 위해서 투자를 해야한다' 이렇게 쓰여 있는 것이다. 그리고 두 줄쯤 내려가서는 '우리가 70세쯤에 세상을 떠날 것으로 생각하고 있는 돈을 다 써버렸는데 100살까지 살면 얼마나 위험한가?' 이렇게 쓰여 있는 것이다.

이 말에 쇼크를 받은 필자는 한 경제신문에 '장생(長生)

해설

의 리스크'라는 제목으로 기고를 했다. 그러나 당시에는 독자들이 읽었는지 안 읽었는지 별로 반응이 없었다. 전화 한통화도 없었다.

그러던 것이 최근에는 어떤가? 거의 매일이라고 할 정도로 신문·TV에서 노후가 불안하다, 노후에 대비하라는 등의 내용을 다루고 있다. 이제는 '오래 사는 위험'이라는 말이 유행어가 될 정도가 되었고 심지어는 오래 사는 게 재앙이라는 말을 하는 사람이 있을 정도로 우리 사회가 바뀌어 가고 있는 것이다.

얼마 전에는 한 저녁식사 자리에서 회사를 명예퇴직하고 쉬고 있는 필자의 친구가 "야, 나는 그 동안 모은 돈과 명예퇴직금을 합해서 몇 억 원 재산이 있기는 있는데 무서워서 돈을 못 쓰겠단 말이야" 이렇게 말하는 것이다.

"뭐가 무서운데?"하고 필자가 물었다. 그랬더니 "몇 살에 세상을 뜰지 모르니까, 세상을 뜰 날만 확정되어 있으면 그날로부터 역산해서 쓰고 갔으면 좋겠는데, 돈 다 써버렸는데 100살까지 살면 어떻게 하느냐 이거지…." 이렇게 말하는 것이다.

오래 사는 위험, 이것은 미국·일본 사람들만의 이야기가 아니고 바로 우리들 자신의 이야기라는 것이다.

오래 사는 위험을 우리보다 빨리 깨닫게 된 선진국에서는 "왜 투자를 하는가?"라는 질문에 대해 대부분의 투자자들이 "노후대비를 위해서", "오래 사는 위험에 대비해서"라고 대답을 한다고 한다. 노인세대들만 그렇게 대답하는 게 아니고, 학교를 갓 졸업하고 이제 막 직장생활을 시작한 젊은세대들 중에서도 이렇게 대답하는 투자자들이 많다는 것이다.

지금 우리나라의 투자자들은 대상으로 이런 질문을 한다면 어떤 대답이 많이 나올 것인가? 아마도 대부분의 투자자들이 "왜 투자를 하느냐구요? 그걸 질문이라고 하십니까? 돈 벌기 위해서 하지요"라고 대답을 하지 않을까 생각된다.

2. 인생 세 번의 정년을 어떻게 맞을 것인가?

요즘 직장인들에게 가장 큰 관심사의 하나는 노후대비가 아닐까 생각된다. 평균 수명은 늘어난데 비해 명예퇴직 등으로 직장을 떠나야 하는 시기는 빨라지고 있기 때문이다. 그런데 직장인들의 노후설계에 대한 관심사를 보면 대부분이 노후자금마련에 있는 것 같다. 그 때문인지 노후자금을 마련하겠다고 무리하게 부동산이나 주식·선물 등에 투자했다가 실패를 하는 사례도 많이 나타나고 있다.

노후설계를 할 때 자산운용에 앞서 먼저 생각해야 할 것은 정년 후의 30년 넘는 후반인생을 무슨 일을 하면서 보낼 것인가에 대한 생애설계(Life Planning)를 하는 일이 아닌가 생각된다.

일반적으로 직장인들은 인생에 세 번의 정년을 맞게 된

다. 제1의 정년은 타인이 정년을 결정하는 고용정년, 제2의 정년은 자기 스스로가 정하는 일의 정년, 제3의 정년은 하느님의 결정에 따라 세상을 떠나는 인생정년이다.

종신고용제가 유지되고 평균수명이 짧았던 시절의 직장인들은 한 직장에서 정년까지 무사히 근무하는 것이 하나의 목표였다. 여성들 또한 안정된 직장에서 정년까지 근무할 수 있는 남성을 훌륭한 결혼상대자로 생각했다. 정년퇴직 후의 남은 인생 또한 그다지 길지 않기 때문에 퇴직금만으로도 어느 정도 노후자금을 충당할 수 있었다. 자녀들도 교육만 받으면 부모들의 노후를 책임져야 한다고 생각하는 시대였다.

그러나 IMF 금융위기 이후 종신고용제가 급격하게 붕괴되면서 직장인이 행복했던 시대는 종언을 고했다. 회사를 몇 군데 옮겨서 근무한다 해도 50세가 넘으면 고용정년을 걱정할 수 밖에 없는 상황이 된 것이다.

우리보다 먼저 이런 경험을 한 미국이나 일본의 직장인들은 젊은 시절부터 후반인생 설계에 대해 많은 관심을 갖고 준비를 한다. 노후자금마련을 위한 자산운용설계에 앞서 생각해야 할 것이 생애설계라고 보기 때문일 것이다.

그들은 고용 정년 후의 30년 이상의 기간을 돈을 벌기 위한 인생을 살 것인가, 자기 실현을 위한 인생을 살 것인가, 사회 환원적인 인생을 살 것인가, 아니면 이 세가지를 병행해가며 살 것인가에 대해 진지하게 생각해본다.

노후생활자금이 충분치 않다고 생각하는 사람은 체면을 버리고 허드렛일에 가까운 일자리라도 찾는다. 직장에 소속되어 있었기 때문에 해보지 못했던 일을 하기 위해 소규모의 사업을 시작하는 사람도 있다. 일의 정년이라고 판단되는 나이까지는 무언가 돈벌이가 되는 일을 하겠다는 것이다.

노후자금에 큰 걱정이 없는 사람들 중에는 젊은 시절에 못했던 공부를 다시 시작하기 위해 대학원에 가거나 해외 유학을 떠나는 사람도 있다. 자기 실현을 위한 인생을 시작하는 것이다.

NPO(Non Profit Organization) 단체에 들어가 사회 봉사활동으로 보람있는 노후를 보내려는 사람도 있다. 사회 환원적인 인생설계이다.

퇴직 후에 하루 10시간만 자유시간(남는 14시간을 수면, 식사 등에 쓰는 시간으로 가정)을 갖는다고 해도 60세에서 80세까지 20년을 계산하면 7만 시간 이상이 된다. 이것은 초등학교에서 대학까지의 총 수업시간의 3배가 넘고, 22

세에서 60세까지 일을 한다고 가정할 경우 이 기간의 생애에서의 근무시간과 맞먹는 시간이다. 이 기간을 결코 헛되이 보낼 수 없다는 생각인 것이다.

우리나라의 직장인들도 이제는 인생에서 세 번 맞는 정년에 대하여 심각하게 생각하지 않으면 안되는 시대에 들어섰다. 현재의 직장에서 고용정년이 가까워졌다고 생각되면 또 다른 직장을 찾아 고용정년을 연장시킬 것인지, 아니면 적당한 기회에 창업을 하는 등의 방법으로 일의 정년까지 자신이 하고 싶은 일을 할 것인지, 아니면 자기실현을 위한 인생이나 사회 환원적인 인생을 살 것인지를 결정하지 않으면 안되는 것이다.

모든 직장인이 획일적인 노후를 보내는 시대는 지나갔다는 생각으로 각자에게 맞는 후반인생을 설계해야 하는 것이다.

3. 인생 2모작 시대의 후반인생설계

　지금과 같은 인생 2모작 시대에 후반인생을 살아가는 방식으로는 계속해서 일을 하여 돈을 버는 생활, 자기실현적인 생활, 사회환원적인 생활을 생각해볼 수 있다. 세가지 생활방식 중 어느 한 방식으로만 살아갈 수도 있고, 세가지 방식을 병행해서 살아가는 방식도 생각해볼 수 있다.

　우리나라의 경우에는 아마도 대부분의 직장인들이 할 수만 있다면 정년 후에도 일을 하고 싶어할 것이다. 어쩌면 일을 하고 싶지 않더라도 하지 않으면 안될 형편에 처해있는 경우가 더 많을지도 모른다. 과도한 교육비와 내 집 마련자금 지출 등으로 충분한 노후자금을 마련한 직장인이 그다지 많지 않을 것이기 때문이다. 또한 반드시 경제적인 이유만이 아니라 건강이나 보람있는 인생을 위해서 일을 하려고 할 수도 있을 것이다.

이런 형편은 선진국 직장인들의 경우에도 크게 다르지 않은 것 같다. 예를 들어 일본 노무라종합연구소가 일본에서 앞으로 1~2년 내에 60세 정년을 맞게 될 직장인들을 대상으로 앙케이트 조사를 한 결과를 보면 60세 이후에도 계속해서 일을 하고 싶다고 대답한 사람의 비율이 80%에 이르고 있다. 일을 하려고 하는 이유에 대해서는 「경제적인 이유, 노후생활자금마련」(61%), 「생활이 어려운 것은 아니지만 용돈 정도라도 벌기 위해」(20%) 등으로 대답하고 있다.

일본의 경우에는 대부분의 직장인이 60세 정년까지 일을 할 수 있을 뿐 아니라 정년 후에는 국민연금과 퇴직연금만으로도 최저생활비는 충당할 수 있다. 그럼에도 불구하고 80% 이상이 일을 하겠다고 대답한 것이다. 그런 점에서 일본에 비해 노후대비가 훨씬 덜 되어있는 한국의 직장인들이 계속해서 일을 하고 싶어하는 것은 어찌 보면 당연한 일인지도 모른다.

문제는 아무리 일을 하고 싶다 해도 일자리가 있느냐는 것이다. 많은 사람들이 선진국의 경우에는 고령자들이라도 마음만 먹으면 일할 수 있는 자리가 있지만, 우리나라에는 그런 일자리가 없지 않느냐고 반문을 한다. 물론 그런 면이 없지 않다. 따라서 고령자들이 일할 수 있는 일자리 창출이 가장 시급하다 할 것이다.

고령자들이 일을 계속 하려 할 경우 일자리 못지 않게 중요한 것이 또 한가지 있다. 일자리에 임하는 마음가짐이다. 과거에 자신이 어떤 높은 지위에 있었다 하더라도 화려하고 권한 있는 일자리는 젊은 세대에게 양보하고, 어찌보면 허드렛일에 가까운 일이라도 하겠다는 마음의 자세가 필요하다는 것이다. 젊은 세대의 눈에 장애물이 아니라 도움을 주는 존재로 비치게 하는 기술, 경쟁자가 아니라 조언자라고 생각하게 하는 기술을 몸에 익혀야 하는 것이다.

일에 대한 대가로 받는 희망소득을 낮추어 잡는 마음가짐 또한 필요하지 않나 생각된다. 앞에 예를 든 노무라종합연구소의 조사 결과를 보면 거의 대부분이 월 희망소득을 10만엔~30만엔(80만원~240만원)으로 대답하고 있다. 우리나라의 기준으로 보아도 희망소득 수준이 그다지 높지 않다는 것을 알 수 있다.

선진국의 경우에는 정년 후에 사회환원적인 일을 하면서 약간의 용돈벌이를 하는 사람들도 많다. 샐러리맨 시대에 찾지 못했던 인생의 의미를 후반인생에서 적극적으로 찾아보겠다는 사람들이다.

NPO(비영리조직 : Non Profit Organization) 활동이

그 한 예이다. 미국의 경우 수십만개의 NPO가 있는데 그 중 절반 정도는 의료·복지 관련, 30% 정도는 각종 교육관련, 나머지 20%는 기타 다양한 사업을 하고 있다. 수익사업을 하는 것은 아니지만, 후원금을 받기도 하고 수혜자들에게 실비 정도를 받기 때문에 참가자들에게는 약간의 수당을 지급하는 경우가 대부분이다. 따라서 참가자들은 정년에 관계없이 자신의 라이프 워크를 하며 약간의 노후생활비를 버는 것이다. 앞으로 우리나라에도 이런 유형의 일자리가 많이 생겨나지 않을 수 없을 것이다.

문제는 직장인들이 정년 후에 자신의 형편에 따라 생활비를 버는 일을 하든, NPO활동을 하든, 자신이 인생후반에 어떤 일을 할 것인가에 대한 확실한 목표를 세우고 준비를 하는 일이 중요하다 할 것이다.

4. 재테크보다 재취업을 먼저 생각하라

"제가 머지않아 정년퇴직을 하게 되는데요. 그 동안 아이들 교육시키고 생활비 쓰다 보니 저축해둔 돈이 몇 천 만원 밖에 안됩니다. 이 돈을 어떻게 운용해야 노후대비 자금을 마련할 수 있을까요?" 최근에 정년을 앞둔 투자자로부터 받은 질문이다. 정확한 비율은 알 수 없지만 우리나라 직장인들의 절반이상은 이런 입장이 아닐까 생각된다. 그러나 몇 천 만원을 어떻게 운용해서 정년 후 20~30년 동안에 쓸 생활비를 마련할 수 있겠는가? 불가능에 가깝다고 보아야 할 것이다.

사정은 이런데 금융기관에서는 "노후가 편하려면 최소한 0억원 이상의 자금이 있어야 한다"는 식의 자료를 발표한다. 언론에서는 또 이를 인용 보도한다. 미리미리 준비하라는 뜻이겠지만 모아둔 자금이 크게 모자라는 사람에게 이런 식의 조언이 무슨 의미가 있겠는가? 오히려 초초감만 더하게 할 뿐이다.

이 때문에 이렇게 초초해있는 사람들을 대상으로 온갖 사기사건이 횡행하고 있다. 서점에 가보면 문자 그대로 재테크 광풍이다. 재산을 두 배로 불리는 법, 0억원 만들기 등등…. 그러나 책한 권 읽고 재산을 두 배로 늘릴 수 있다면 그 인생이 얼마나 간단하겠는가? 그런 방법은 없다고 보아야 할 것이다.

젊은 시절에 열심히 일하고 살아왔음에도 불구하고 노후 생활비가 모자라는 사례는 미국, 일본과 같은 선진국 사람들의 경우에도 많이 있다. 그렇다면 그들은 노후생활비를 어떻게 조달하는가? 물론 선진국이기 때문에 노후생활비의 일부는 공적연금으로 해결한다. 그러나 대부분은 공적연금만으로 모자라기 때문에 부족한 생활비는 정년 후에도 재취업을 하여 충당하는 것을 당연하게 생각하고 있다.

우리나라의 경우에는 공무원이나 교원 등을 제외하면, 공적연금(국민연금)으로 노후생활비를 충당하기에는 그 금액이 크게 모자란다. 퇴직연금 또한 이제 시작단계에 있다. 마지막으로 남는 것이 정년퇴직 때 일시불로 받는 퇴

해설

직금인데 이 또한 중간정산을 해버린 경우가 대부분이다. 따라서 우리나라의 직장인들은 선진국의 고령세대에 비해 훨씬 더 재취업을 하지 않을 수 없는 절박한 사정에 있는 것이다.

그런데 문제는 과연 고령세대가 할 수 있는 일자리가 있느냐는 것이다. 고령세대에게도 어느 정도 일자리가 제공되고 있는 선진국의 경우와는 달리 우리나라는 젊은 세대들도 직장을 구하기 어려운 상황이기 때문이다.

정년퇴직 후에 먼저 생각해야 할 것은 재테크보다 재취업이라는 식으로 조언을 하면, 일자리도 없는데 무슨 수로 재취업을 하느냐고 항변하는 사람들이 많다. 물론 맞는 말이다.

그러나 선진국이라고 해서 처음부터 고령세대들이 할 수 있는 일자리를 준비하고 있었던 것은 아니다. 우리보다 먼저 고령화시대를 경험하면서 고령세대에게 맞는 일자리 창출이 정책적인 과제로 대두되었고, 개인의 입장에서도 어떻게 하면 고령기에 일을 할 수 있겠는가에 대한 문제의식을 갖기 시작했을 뿐이다.

예를 들어 이웃나라 일본의 경우를 보면, 1980년대부터 고령화시대에 후반인생을 살아가는 방법(Second Life

Innovation)에 대한 연구가 활발하게 진행되어 왔다.

연구결과를 보면 우선 정년퇴직후의 후반인생이 얼마나 긴 기간인가를 지적한다. 이 기간 동안에 자신의 형편을 고려하여 수입을 위해 일을 할 것인가, 수입 없더라도 자신이 좋아하는 일을 할 것인가, 또는 주위로부터 인정받기 위해 일을 할 것인가를 결정하도록 한다.

만일 경제적인 이유 때문에 수입을 위해 일을 해야 한다면, 고령기에 재취업을 하려 할 때의 마음가짐에 대한 조언을 한다. 주위의 시선을 의식하지 말 것, 재취업한 직장을 전 직장과 비교하지 말 것, 급여를 주는 조직을 위해 일한다는 확실한 직업윤리를 가질 것, 회사에게 불필요한 경비를 지불하지 않게 하도록 할 것 등등… 아주 구체적인 조언을 하고 있다.

우리나라의 경우에도 사회 정책적으로 해결해야 할 과제와 고령화 시대를 살아가는 개인의 입장에서 준비해야 할 과제를 구별해서 생각하고 직장인들은 그에 맞는 준비를 서둘러야 할 것이다.

5. 재취업에 대한 마음가짐

지금과 같은 고령화시대에 충분한 노후생활비를 마련하지 못한 직장인들의 입장에서 보면 재테크에 열중하는 것보다 정년후의 재취업에 관심을 갖는 것이 훨씬 더 현실적인 대응책이라고 할 수 있을 것이다.

물론 젊은세대도 얻기 어려운 일자리를 고령세대가 어떻게 구할 수 있겠느냐고 반문할 수도 있다. 그러나 고령화사회가 정착되어 감에 따라 고령세대의 일자리도 점차 늘어날 것이다. 고령자들의 필요성 때문만이 아니라 사회경제적으로도 고령자들이 일을 하지 않으면 안되는 구조로 바뀌어 갈 것이기 때문이다. 직장인들은 현재의 연장선상에서만 미래를 생각해서는 안된다. 5년 후, 10년 후 고령세대의 재취업이 당연시 되는 시대를 염두에 두고 생애설계를 해나가지 않으면 안되는 것이다.

고령세대가 재취업을 하기 위해서는 다음 몇가지의 마음

가짐이 필요하다. 특히 공공기관이나 대기업에서 일하다가 정년 퇴직을 한 사람들에게 이런 마음가짐이 중요하다.

첫째는, 재취업을 하게 되면 같은 일을 하더라도 임금수준이 정년전보다 크게 떨어지는 것을 당연하게 생각해야 한다. 최근까지 대부분의 우리나라 기업들은 종신고용을 전제로 한 연공임금제도를 채택해왔다. 연공임금제도 하에서 20~30대의 기간은 회사에 대한 공헌도보다 낮은 수준의 임금을 받는 경우가 보통이다. 이 시기에 종업원들이 기여도보다 덜 받는 부분은 회사에 투자를 하는 것이라고 생각할 수 있다.

이 관계는 40세 전후 관리직이 될 무렵부터 역전되기 시작한다. 이때부터는 일반적으로 회사에 대한 공헌도 이상으로 임금을 받게 되는 것이다. 젊은 시절에 적립해 두었던 부분을 찾아오는 시기라고도 할 수 있다. 최근 들어 종신고용제가 무너져가고 있는 상황에서도 많은 기업들에게 이러한 연공임금제도의 잔재는 여전히 남아 있다. 따라서 재취업 후에 이전과 똑같은 일을 하는데 급여는 전 직장과 비교도 안될 수준으로 낮아졌다고 실망을 해서는 안된다. 자신의 가치가 떨어진게 아니고 정년 전에 받았던 「지불초과분」을 못 받게 된 결과라고 생각해야 하는 것이다.

해설

 둘째는, 재취업한 직장을 함부로 전 직장과 비교해서 비하시켜 말하는 것을 삼가야 한다. 큰 조직에서 근무하다가 중소기업에 재취업을 하게 되면 그 회사의 시스템이나 시설이 크게 뒤떨어져 있음을 발견할 수 있다. 또한 큰 조직에서는 자기가 맡은 일만 열심히 하면 되었는데 여기에서는, 심한 경우 화장실 청소에 이르기까지 이런저런 일을 해야 할 경우도 생긴다. 대조직의 시스템에 익숙해온 사람에게는 이해가 되지 않을 수도 있다. 그러나 왜 대기업이 중소기업에 하청을 주는가? 중소기업이 효율성면에서 대기업보다 뛰어나기 때문이다. 이점을 충분히 이해한 후에 전 직장과 비교를 해야 하는 것이다.

 세번째는, 사소한 비용이라도 꼭 필요한 것인지 따져보고 지출하는 습관을 길러야 한다.

 1990년대 이후 세계적인 추세는 소유와 경영이 분리된 대기업보다 가족경영기업의 우위성이 주목을 받고 있다. 가장 큰 이유는 가족경영기업의 오우너들이 회사 돈을 자기돈처럼 생각하기 때문이라고 한다. 인간은 타인의 돈을 쓸 때는 자기 돈을 쓸 때처럼 아끼지 못한다. 공공기관이나 대기업에서 각종 비용지출에 낭비가 많은 이유가 바로 여기에 있다.

정년 후 재취업을 하게 되는 중소영세기업은 가족경영기업일 경우가 대부분이다. 이들 회사의 오우너 또는 사장은 회사 돈을 자기돈처럼 생각한다. 따라서 대기업에서는 당연하게 지불되는 경비까지도 아끼는 경향이 있다. 큰 조직에 근무하다가 재취업을 하는 사람들은 특히 이런 점에 유의해야한다. 물정 모르고 낭비한다는 말을 듣지 않도록 조심해야 하는 것이다.

6. 정년후의 사회공헌 활동

　최근에 사학연금기관지에서 전직 고교교사였던 분이 기고한「후학을 가르치며」라는 제목의 글을 읽고 크게 감명을 받았다. 정년 후에 자기실현 또는 사회환원적인 삶을 사는 방식의 모델이 아닐까 하는 생각이 들었기 때문이다.

　7년 전에 정년퇴직을 했다고 하니 지금 73~74세쯤 되는 분일 것이다. 이분은 젊은 시절부터 동양철학에 많은 관심을 갖고 있었기 때문에 퇴임과 함께 한문을 배우는데 힘을 쏟았다고 한다. 우선 정릉으로 이사를 한 후 성균관대학교 성인교육 과정에 들어가 주역과 논어를 2년간 배웠다. 그 후 다시 3년 동안 한국서당 교육연수원에서 부수사자소학, 추구학어집, 명심보감, 고문진보, 사략, 논어, 맹자, 중용, 대학, 시경, 주역, 용감 등을 배웠다. 동시에 한문전문지도사 1급 자격증을 취득하고, 전국 한문실력 경시대회에서 대학일반부 동상을 수상하기도 했다.

하고 싶었던 공부를 어느 정도 하고 난 후에는 배운 것을 가르쳐야겠다는 생각이 들어 자신이 살고 있는 아파트단지 도서실에 서당을 설립했다. 여기에서 한문, 역사, 성경을 가르치고 있다는 것이다.

학생들에게는 배운 것을 발표하게 하여 표현력을 길러주기도 하고, 한자, 한문을 공부하여 한자 급수 시험에 대비하게도 한다는 것이다. 시경을 암송하게 하는 것은 물론, 쓰고 해석하는 정도까지 학생들에게 주문하고 있다고 한다.

가정주부가 초등학교 다니는 아들 딸을 데리고 한문을 배우러 오기도 한다. 처음에 자기집 주소를 한문으로 써보라고 하면 정릉(貞陵)의 곧을 정(貞)자를 정할 정(定)자로 쓰는 사람도 있다. 그러나 그때는 틀린 것을 바로잡아주지 않는다고 한다. 다음시간에 다시 써보라고 한다. 그렇게 하면 거의 대부분이 곧을 정자로 쓴다는 것이다. 어떻게 알았느냐고 물어보면 길에서 한문으로 쓴 표지판을 보고 알았다는 사람도 있고, 컴퓨터에서 찾아보았다는 사람도 있다는 것이다. 공부하는 방법을 가르쳐주어 스스로 공부할 수 있는 능력을 길러주는 것이 가장 효과적인 교육이라는 점을 다시 한번 깨닫게 된다는 것이다. 약간의 수강료도 받고 있는 것 같다. 자신이 배운 것을 가르치며 사는 지금의 생활이 그렇게 즐겁고 보람이 있을 수가 없다고 한다.

물론 이분은 교원연금수급자로서 최저생활비는 보장되어 있기 때문에 이런 생활이 가능하다고 할 수 있을 것이다. 그러나 우리 주위를 보면 노후생활비에 걱정이 없는 사람들이라고 해서 모두가 이분처럼 후반인생을 보내고 있는 것 같지는 않다.

일류직장의 고위직에서 은퇴를 하여 생활비 걱정도 없고, 젊은이 못지 않은 건강을 유지하고 있으면서도 헬스클럽이나 주중골프 등으로 소일하는 사람들이 많다는 것이다. 현역시절에 정년 후 20~30년을 무엇을 하며 살 것인가에 대해 심각하게 고민하지 않았고, 따라서 별다른 준비를 하지 못한 채 정년을 맞았기 때문이 아닐까 생각된다.

우리보다 고령사회를 빨리 경험한 선진국의 직장인들은, 꼭 재취업이 아니더라도 정년 후에 무슨 일을 하며 살 것인가에 대해 계획을 세우고 그에 맞는 준비를 한다. 현역시절에 못했던 공부를 하기 위해 해외유학을 떠나는 사람도 있고, 다른 나라의 생활을 체험도 할 겸 봉사활동을 하기 위해 해외에 장기 체류를 하는 사람도 있다. 향토문화를 연구하거나, 예술, 종교활동 또는 각종 저술활동을 하기도 한다. NPO(Non Profit Organization: 민간비영리조직)을 만들거나 그런 조직에 참여하여 의료, 복지, 교육 등과 관련된 자원봉사 활동을 하는 사람들도 많다. 자원봉사활동이라고 해서 100%무료봉사는 아니다. 약간의 수당을 받기도 한다. 기본생활비 걱정은 없는 사람들이기 때문에 자신이 보람을 느낄 수 있는 일을 하면서 용돈 정도를 벌고 있다는 것이다. 따라서 미국의 경우에는 NPO에서 일하는 사람을 취업인구에 포함시킨다. 2003년 말 현재 NPO에서 일하는 사람들이 전체 취업인구의 9.8%나 된다고 한다.

우리나라의 경우에도 고령화시대가 진전됨에 따라 앞으로 취미활동, 자원봉사활동을 하면서 약간의 수입을 얻을 수 있는 일들이 많이 생겨날 것으로 생각된다. 문제는 이런 일들도 현역시절부터 준비를 하지 않고는 불가능하다는 것이다.

7. 가장 큰 투자엔진은
　　자신의 직업이다

　인생을 살아가면서 가장 효율성 있게 재산을 늘일 수 있는 방법은 무엇일까? 누구나 한번씩은 생각해보는 질문이다. 주식을 사고 파는 것? 투자신탁? 선물·옵션? 대부분의 경우에는 이들 투자상품을 떠올린다. 과연 그런가? 그렇질 않다. 개인투자자에게 가장 유력한 수입원은 자신이 하고 있는 일에서 벌어들이는 수입(=월급 또는 사업소득)이다. 즉, 한 사람의 인생에서 가장 큰 투자엔진은 자신의 본업으로부터 얻는 수입이라는 말이다.

　개인투자자는 투자 포트폴리오를 짤 때 자신의 본업에서 얻는 수입을 가장 중심에 놓고 생각하지 않으면 안된다. 냉정히 샐러리맨의 경우를 생각해보면 근무하는 직장으로부터 매월 일정액씩의 급여와 6개월 또는 1년에 한번씩 보너스를 받는다. 다시 말하면 샐러리맨이 회사에서 하고 있는 일은 그만큼의 수입을 발생시키는 금융자산이라고도 할 수 있는 것이다.

따라서 포트폴리오에서 얻는 수입(Return)을 가장 크게 하기 위해서는 자기가 맡은 일에서 성공을 거두는 것이 무엇보다도 중요하다. 자신의 직업으로부터 얻는 소득을 높이려는 노력을 게을리하면서 주식투자에 열중하는 방식으로는 결코 성공할 수 없다는 것이다.

특히 젊은 세대의 경우에는 협의의 자산형성을 위한 투자 뿐 아니라 자기자신의 가능성에 투자하는 광의의 투자까지도 고려하지 않으면 안된다. 이제 막 직장생활을 시작한 젊은 세대의 경우에는 장래의 수익을 창출하는 자본으로서의 자기 자신을 연마하는데 더 많은 돈과 시간을 투자하는 것이 합리적일 수도 있다. 주식투자에 열중하는 것보다는 자신의 비즈니스와 관련된 공부를 하는 것이 장래에 더 큰 수익(Return)으로 돌아오고, 적립식 투자에 돈을 넣는 것보다도 영어회화 학원을 다니는 것이 장래에 더 큰 수입증대, 기회증대로 연결될 수도 있다는 것이다.

다시 말하면 돈을 버는 능력을 지닌 자기자신도 운용자산의 일부라는 생각을 가져야 한다는 것이다. 현재 및 장래에 돈을 벌 수 있는 능력을 현재가치로 평가한 것을 「인적

해설

자본」이라고 한다면 개인의 운용자산은 이 인적자본과 협의의 운용자산을 종합해서 생각해야 한다는 뜻이다. 예를 들어 젊은 세대가 금융자산에 투자할 경우 주식이나 주식형 펀드와 같이 투자위험도가 높은 자산의 비율을 높게 하는 것은 인적자본보다 높은 수익율을 낼만한 금융자산이 상대적으로 적기 때문이다. 반면에 노년층으로 갈수록 인적자본은 축소되어 간다. 그러므로 자신의 경제력 전체에 미치는 영향은 상대적으로 자신이 돈을 벌 수 있는 능력 즉, 인적 자본에서 협의의 운용자산 쪽으로 옮겨가게 되는 것이다.

개인투자자들은 스스로에게 질문을 해볼 필요가 있다. 나는 지금 내가 다니고 있는 회사를 그만 두더라도 곧바로 같은 직업을 찾아 현재 수준 못지않은 월급을 받을 수 있는가? 이 질문에 대해 자신있게 "그렇다"라고 대답할 수 있는 사람이라면 그 사람은 성공하는 개인투자자가 될 수 있는 충분한 자질을 갖고 있다고 할 수 있다.

그러나 만약 앞의 질문에 대해 "자신이 없다" 또는 "잘 모르겠다"라고 밖에 대답할 수 없거나, "언제 직장에서 해고를 당할 지 모르기 때문에 자산운용을 해서 재산을 늘려놓아야 한다"고 생각하는 사람이라면 그 사람은 투자에 성공할 확률보다 실패할 확률이 훨씬 높다. 그런 사람은 보다 더 자신(인적자본)에 대한 투자를 열심히 하여 자기 일에서 일류가 되겠다는 노력을 하지 않으면 안된다. 만약 현재 맡은 일이 적성에 맞지 않거나 자신 있는 일이 아니라면 회사에 부탁하여 업무를 바꾸든지, 아니면 전직까지도 심각하게 생각해보아야 할 것이다.

자신의 능력을 키워서 보다 많은 연봉을 받을 수 있도록 끊임없이 자신에 게 투자를 하는 것, 바로 그것이 개인투자자에게는 투자의 왕도이다. 개인투자자의 가장 큰 재산은 "나는 현재 하고 있는 일에서 얻는 수입으로 충분히 생활을 해나갈 수 있다"는 자신감이라는 점을 명심해야 할 필요가 있는 것이다.

8. 가장 확실한 노후대비는 평생 현역

 지금 우리사회는 저금리 시대와 고령화 시대를 동시에 맞고 있다. 이것이 정년퇴직을 앞둔 사람들을 불안하게 하고 있는 큰 이유 중의 하나인 것이다. 예를 들어 90세까지 사는 시대가 되었다 하더라도 옛날처럼 금리만 높다면 젊었을 때 열심히 일하여 저축한 돈을 안전한 은행예금에 넣어놓고 이자를 받아 생활을 하면 문제가 없을 것이다.

 그러나 현재와 같은 금리수준으로는 3억원을 정기예금 해봐야 1년 이자수입이 세금 떼고 나면 100만원도 채 안된다. 3억원을 모으기도 힘든데 모았다 하더라도 안전한 은행예금에서 나오는 금리만으로는 도저히 생활을 할 수 없게 된 것이다. 앞으로도 경기가 회복되고 설비투자가 늘어서 금리가 약간씩 오르는 일은 있을지 모르지만, 우리 경제에 혼란이 오지 않는 한, 10%대의 예금금리 시대는 다시 오기 어려울 것이다.

따라서 일부 부유층을 제외한 대부분의 사람들은 20년이 될지 30년이 될지 모르는 노후생활에 대해 불안감을 갖지 않을 수 없다. 이런 불안심리를 이용하여 각종 사기 사건이 횡행하고 있다. 서점에 가보면 그야말로 재테크 광풍이다. 재산 두배로 불리기, 세배로 불리기, 10억 만들기 등등…

그러나 이런 재테크가 과연 가능하겠는가? 특별한 경우를 제외하고는 불가능하다고 해야 할 것이다. 선진국의 사례를 보아도 노후생활비가 모자라는 사람들의 경우에는 대부분 늦게까지 일을 한다. 여기에 젊은 시절에 모아둔 자산을 투자상품에 효율적으로 운용하여 살아가고 있는 것이다.

그런데 우리나라의 경우에는 일을 하고 싶어도 일자리가 있느냐가 문제이다. 가끔 퇴직을 한 사람들 앞에서 오래까지 일을 해야 한다는 이야기를 하면, "야, 이 친구야 일거리만 줘봐. 누가 일을 안하나?"라고 말하고 싶은 듯한 표정을 짓는 사람들이 많다. 물론 요즘 같은 시대에 노후의 일자리를 구하기가 말처럼 쉽지 않기 때문이다.

개인적인 경험이지만, 1975년 신입직원 시절에 일본 동경 증권거래소에 파견되어 업무연수를 받은 일이 있다. 당시의 일본은 전체인구 중에서 차지하는 65세 이상의 노인

해설

인구 비중이 현재의 우리나라와 비슷한 9% 정도일 때였다. 그런데 견학코스 중에 주식, 채권을 보관하는 창고 안을 들어가보고 깜짝 놀랐다. 70세 정도는 되었을 것 같은 할아버지들 수십 명이 둘러앉아서 주식을 세고 있는 것이다. 젊었을 때는 다들 한자리씩 했던 분들이라는데 당시 일본 돈으로 시간당 500엔(약 5000원)의 아르바이트 수당을 받으며 일한다는 것이다.

그 뿐이 아니다. 내가 머물던 숙소가 비즈니스 호텔이었는데 프론트 데스크 근무자가 오후 5시까지는 젊은 아가씨들이지만 5시 넘어서는 나이든 할아버지들이 교대를 하는 것이었다. 30여년 전에 그 광경을 목격하면서 내가 생각한 것은 「나이 들어서 일을 하려면 화려하고 권한 있는 일은 젊은이들에게 양보하고, 어떻게 보면 시시한 일이라고 여겨질지도 모르는 저런 일들을 해야 하는구나」하는 것이었다.

우리나라의 경우에는 나이든 사람이 일을 하기가 참으로 어려운 사회분위기가 아닌가 하는 생각이 든다. 주위에서 보면 어떤 일을 하고 싶은데 자기 부인이 창피하게 생각할까봐 못하겠다는 남성들이 의외로 많다. 또한 해외로 이민을 떠나는 사람들도 많다. 이민 가서 하겠다는 일의 내용을 들어보면 우리나라에서도 할 수 있는 일인 경우가 많은데도 왜 이민을 가려고 하는가? 아마도 그곳에서는 보는 사람이 없기 때문이 아닐까 하는 생각이 든다. 체면을 차릴 필요가 없기 때문이다.

늦게까지 일을 하는데 또 하나 중요한 것은 자기만의 주특기를 갖는 것이다. 가끔 재취업을 알선해야 할 기회가 있어서 거들다보면, "그 사람 주특기가 뭐예요?"라는 질문을 자주 받는다. 그런데 일류학교를 나와 능력있는 사원인데도 이 부서, 저 부서 거치다 보니 마땅히 내세울만한 주특기를 갖지 못한 사람이 많다. 그런데도 회사측에서는 "인사부에서 노조담당 10년 이상 경험한 사람"을 구해달라는 식으로 나온다. 따라서 본인 스스로 젊은 시절부터 어느 어느 분야에서는 누구 누구가 가장 전문가라는 말을 들을 수 있도록 노력하지 않으면 안되는 것이다.

> 해설

9. 자기집의 재산상태를 파악해보자

자산운용설계를 하려고 할 때 가장 먼저 해야 할 것은 각자 자기 집의 재산상태를 파악해보는 일이다.

A4용지 위에 T자를 그린 후, 그 왼편에는 보유하고 있는 자산의 항목을 열거하고 각 항목당 현재가치를 기대한다. 자산은 일반적으로 실물자산과 금융자산으로 나눌 수 있다. 실물자산의 거의 대부분을 차지하는 것은 거주용 주택일 것이다. 금융자산에는 현금·예금·주식·채권·펀드·보험·연금 등이 있다.

T자의 오른편에는 왼편의 자산을 갖기 위해 은행, 신용금고 등으로부터의 차입금이 있을 경우 그 상환 잔액을 기재한다.

일정 시점에서 자산의 합계를 평가한 금액이 10억원이고, 은행 등으로부터의 차입금이 7억원(상환잔액)이라면,

10억원과 7억원의 차액 3억원이 순자산 즉, 자기자본에 해당한다.

이런 식으로 1년에 두 번 정도씩 자기집의 재산상태를 파악해보면 여러가지 아이디어를 얻을 수가 있다. 차입금이 많은 사람은 빨리 돈을 벌거나 절약을 하여 빚을 갚아야겠다는 생각을 하게 될 것이다. 또한 자산이 어느 한 곳에 편중되어 있는 사람의 경우에는 분산을 생각하게 될 것이다.

상공회의소 조사 결과에 의하면 2005년 말 현재 우리나라 평균적인 가정의 자산보유구조는 부동산 : 금융자산의 비율이 9:1정도인 것으로 나타나고 있다.

반면에 미국가정의 이 비율은 3:7 정도이다 (2003년 말 현재). 미국의 부동산도 최근 몇 년 동안 버블논쟁이 일 정도로 값이 많이 올랐다. 그런데도 금융자산이 부동산의 두 배 이상의 비중을 차지하고 있는 이유는, 미국의 가정에서는, 우리나라처럼 부동산에 목을 매고 있지 않기 때문이다. 대부분의 일반가정에서는 주택을 주거의 수단으로 생각할 뿐 재테크의 수단으로는 생각하고 있지 않다는 뜻이다.

또 하나의 이유는 부동산에 투자하더라도 대부분이 실물에 직접투자하기 보다는 부동산 펀드라는 간접투자 방식을 택하고 있기 때문이다.

해설

　아파트나 가게를 직접 보유하면서 세를 놓았는데 입주자가 월세를 내지 않으면 바로 내보내기가 쉽지 않다. 소송을 해서 내보내려면 몇 년 걸릴 지 알 수 없다. 따라서 부동산을 직접 보유하면서 속을 썩기보다는 부동산펀드에 간접 투자하는 방식을 택하는 것이다.

　일본의 가정도 1980년 대 까지는 부동산의 비중이 우리나라 못지 않게 높았었다. 그런데 그렇게 비싸던 땅 값이 지금은 1/5, 1/10가격으로 하락해 있다. 주택가격도 마찬가지이다.

　도쿄외곽의 수도권에 살고 있는 한 일본인에게 들은 바에 의하면 그가 현재 살고 있는 28평형 아파트를 버블이 시작되기 전인 1980년대 중반에 원화계산으로 1억 2000만원에 샀다고 한다. 이것이 1990년에 3억 6000만원으로 천정을 친 이후, 16년간 하락을 계속하여 2006년 12월말 현재는 5000만원 수준으로 떨어져 있다고 한다. 최고 가격의 1/7 수준이다. 이와 같은 가격하락의 영향으로 일본의 평균적인 가정의 부동산:금융자산의 비율은 1:2 정도이다(2003년 말).

　국내투자자들에게 이런 사례를 소개하면 그것은 미국이나 일본의 사례이고 우리나라의 경우는 다를 것이라고 말하는 사람들이 많다. 그러나 부동산도 재화의 하나이기 때문에 수요와 공급을 냉정하게 분석해보지 않으면 안된다.

많은 사람들이 우리나라는 국토가 좁고, 또 땅은 수입해올 수도 없기 때문에 다소 비싸게 사더라도 계속 기다리고 있으면 언젠가는 오를 것이라는 생각을 갖고 있다. 그러나 지금과 같이 농산물을 1/5, 1/10가격으로 수입해 올 수 있고, 기업이 자유롭게 해외에 진출할 수 있는 개방화 시대에는 땅도 간접적으로 수입해올 수 있는 것이라고 생각하지 않으면 안된다.

주택도 마찬가지이다. 어느나라든 사회간접자본투자가 마무리 될 때쯤 되면 주택공급이 느는 경향이 있다. 그런데 주택수요를 예측하는 가장 대표적지표인 출산율은 2005년의 경우 1.08명이었다. 이 때 출생한 세대들은 장래 무남독녀와 무녀독남이 결혼을 하여, 신랑, 신부가 양가에서 집을 한 채씩 물려받을 수 있다는 계산이 된다. 그때에도 주택가격은 계속 오르기만 할 것인가?

우리나라의 제반여건을 감안할 때 50대 후반인 필자에게는 부동산 : 금융자산의 비중이 5 : 5 정도가 적정하다는 생각을 하고 있다. 따라서 부동산의 비중이 이보다 높아 있는 한 설령 가격이 오를 것으로 생각되더라도 부동산 투자에는 관심을 갖고 있지 않다. 이것이 자산배분의 원칙이라고 생각하기 때문이다.

10. 땅도 수입해올 수 있는 시대

 서울 올림픽이 열렸던 1998년의 일이다. 당시 필자는 일본 도쿄에서 근무를 하고 있었는데 하루는 잘 알고 지내는 일본인이 찾아와 일본의 땅값이 얼마나 비싼가를 이야기했다. 일본 도쿄 중심가에 왕궁이 있는 지역을 치요다쿠라고 하는데 이「구」하나만 당시의 시세로 팔면 그돈으로 캐나다 땅을 전부 살 수 있다는 것이다. 치요다쿠는 서울로 치면 창경원, 경복궁이 있는 종로구와 같은 지역이다. 그곳의 땅값이 얼마나 비싸기에 카나다 전체의 땅값과 맞먹는다는 말인가?

 도쿄만이 아니었다. 정도의 차이는 있겠지만 일본 전국의 땅값이 그렇게 비쌌다. 일본의 땅값은 1980년대 중반부터 급등을 시작하여 피크를 이루었던 1990년의 토지가격 지수는 1980년대 초 지수의 5~6배 수준까지 올라있었다. 그런데 이것이 90년대 이후 하락을 계속하여 2006년 말 현재

해설

는 80년 초의 수준으로 되돌아와 있다.

18세기 후반에 영국에도 비슷한 일이 있었다. 당시 영국에서는 장기간에 걸쳐 전국의 땅값이 계속 상승을 하고 있었다. 영국은 섬나라이다. 바다를 메워서 약간 땅을 넓힐 수는 있지만 땅 자체를 해외에서 사올 수는 없다. 땅은 수입해 올 수 없는 것이기 때문에 다소 비싸게 사더라도 계속 보유하고 있으면 언젠가는 오른다. 이것이 땅값이 장기 상승을 한 이유였다.

그런데 이렇게 계속 오르던 땅값이 어느 날 영국 정부가 내린 조치 하나로 급락세로 돌아선다. 그 조치는 우리나라에서 흔히 쓰는 세무조사도 아니고 자금출처조사도 아니었다. 바로 유럽대륙으로부터 밀수입을 자유화하는 조치였다. 영국은 밀을 주식으로 하는 나라이다. 따라서 영국 국내에서 생산되는 밀 밖에 먹을 수 없을 때에는 인구가 늘고 경제가 성장을 하여 밀 값이 오르게 되면 밀 생산을 하는 영국의 땅값도 따라서 오를 수 밖에 없다.

그러나 밀수입이 자유화되면서 사정은 달라진다. 해외에서 국내가격의 절반 또는 1/3 가격으로 밀을 수입해온다는 것은 간접적으로 땅을 싼값이 수입해오는 것과 똑 같은 효과가 있다. 이런 인식이 확산되면서 영국의 땅값이 하락세로 돌아선 것이다. 지금 우리나라가 바로 그런 시기에 들어섰지 않나 하는 생각이 든다. 남한 땅은 약 9만㎢의 좁은 면적이다. 휴전선이 가로막혀있고 삼면이 바다이다. 과거 60년 동안 우리나라는 섬나라나 마찬가지였던 것이다. 그런데다가 수년 전까지만 해도 해외의 농산물을 마음대로 수입해올 수 없었고 국내기업이 마음대로 해외에 공장을 지을 수도 없었다.

그러나 지금은 다르다. 해외 농산물을 국내가격의 절반 가격 또는 1/10 가격으로 얼마든지 수입해올 수 있는 시대가 되었다. 국내기업 또한 얼마든지 해외에 공장을 지을 수 있게 되었다. 그동안 국내 땅값은 기업이 사서 올려놓은 측면이 매우 컸었는데 이제는 땅을 사려고 하는 기업이 거의 없다.

더 놀라운 사례가 또 있다. 공동체 운동을 하는 국내 어느 종교단체는 재작년에 러시아의 우라디보스톡에서 집단 농장 하던 자리를 빌려 농장을 시작했다고 한다. 반듯하고 비옥한 땅 13만평을 49년 계약으로 러시아 정부로부터 빌렸다. 그런데 놀랍게도 13만평에 대한 1년간의 임차료는 단돈 100달러였다는 것이다.

여기에서 일할 근로자들은 북한으로부터 200명을 데려

왔다. 북한 당국이 200명을 보내주면서 내건 조건은 두가지였다. 하나는 농장장은 남한 사람으로 하지 말 것, 또 하나는 근로자 200명에 대해 1인당 월급을 50달러씩 지급하라는 조건이었다. 따라서 그 종교단체는 미국 국적을 가진 재미동포를 농장장으로 하기로 하고, 1인당 한화 5만원 정도의 월급을 지급한다는 조건으로 200명을 데려다 농장을 시작했다는 것이다. 이런 사례는 또 많다. 만주 흑룡강성에 1억평을 거의 무상으로 빌렸다는 등등의….

우리나라도 이제 땅은 얼마든지 수입할 수 있는 시대가 되었다. 그러나 아직도 국민들의 인식은 바뀌지 않고 있다. 토지가 수용되어 땅값을 보상 받는 사람들을 보면 대부분 또 땅을 산다. 아직도 많은 사람들은 땅에 대한 지나친 집착, 신앙을 갖고 있는 것이다.

최근에도 필자는 서울근교에서 땅값을 보상 받은 분들을 대상으로 강의를 한 일이 있었다. 지나치게 부동산에 편중된 자산구조는 앞으로 문제가 될 가능성이 크다, 금융자산의 비중을 높여가지 않으면 안된다는 내용의 강의였다.

그러나 강의를 듣는 분들의 반응은 대부분이 필자의 강의에 수긍하는 표정이 아니었다. 땅값을 보상 받은 돈으로 또 땅을 사는 것이 가장 좋은 방법이라는 표정이었다. 지금까지 그렇게 해서 돈을 벌어왔기 때문에 앞으로도 계속 그런 방식으로 돈을 벌 수 있을 것이라고 생각하기 때문일 것이다.

그러나 지금과 같은 개방화 시대에도 이와 같은 부동산 불패신화는 계속될 수 있을 것인가? 한번쯤 심각하게 생각해 볼 문제이다.

11. 무리하게 돈을 빌려서
내 집을 갖는 위험

 지난 해 12월 말 서울에 놀러 온 일본인친구로부터 재미있는 이야기를 들었다. 요즘 일본의 젊은 세대들 중에는 집 살 생각을 안 하는 사람들이 많다는 것이다. 그럴 돈이 있으면 차라리 비싼 자동차를 사고, 집은 빌려서 살려고 한다는 것이다. 빌려 살면서 기다리고 있으면 어차피 부모로부터 집을 물려 받을 수 있게 될 텐데 구태여 집을 살 필요가 있느냐는 생각인 것이다.

 이십 수 년 전 필자가 일본에서 근무하던 당시에도 비슷한 경험을 했다. 당시에 필자는 아파트를 월세로 빌려 살고 있었다. 그때까지만 해도 은행 송금이 그다지 보편화되어 있지 않았기 때문이었는지 나이 많은 일본인 집주인은 매월 한번씩 들러서 집세를 받아가곤 했다. 그런데 올 때마다 집주인은 과자를 한 봉지씩 사들고 와서 무릎을 꿇고 집세를 받아가는 것이었다.

　서울에서 셋방살이 하는 사람들로부터 집주인의 횡포(?)랄까 거드름 피우는 것 때문에 못살겠다는 말을 너무나 많이 들어온 필자로서는 그 일본인 집주인의 행동에 놀라지 않을 수 없었다. 「집주인이 저런 식으로만 대해준다면 꼭 내 집을 가지려고 애쓸 필요가 없지 않을까?」하는 생각이 들 정도였다. 그래서인지 당시에 일본의 젊은 세대들은 자기 집을 갖는 문제에 그다지 신경을 쓰는 것 같지 않았다. 예를 들어 자기 돈이 몇 천만원 있다면 그 돈에다 은행에서 돈을 더 빌려 자기 집을 마련할 것인가, 아니면 임대주택에 살면서 그 돈을 다른데 투자하여 운용을 할 것인가를 합리적으로 분석해본 뒤에 결정을 내리고 있었다.

　선진국에서는 젊은 세대에게 「무리하게 돈을 빌려서 내 집을 갖는 위험」을 계몽하고 있다. 멀쩡한 화이트칼라가 무리하게 돈을 빌려 내 집을 마련했다가, 불황을 당하여 직장을 잃고, 매월 갚아야 할 월부금을 갚지 못해서 홈리스로 길거리에 내몰리는 사례가 많기 때문이다.

　그러나 우리의 경우는 어떤가? 지금 이 시점에도 무주택자가 몇 천만원의 자기 자금만 있다면 대부분의 사람들은 망설이지 않고 모자라는 자금은 은행차입을 해서라도 내 집을 가지려고 할 것이다. 내 집 마련에 대한 집착 또는 신앙 때문이다. 선진국에서는 그 예를 찾아보기 힘든 현상이 아닐까 생각된다.

물론 지금까지의 경험상으로 보면 무리를 해서라도 집을 사서 버틸 수 있을 때까지 버텨보는 것이, 대부분의 경우, 경제적으로 유리했다. 주택 가격 상승율이 어떤 투자대상보다도 높았기 때문이다.

그렇지만 지금까지의 경험이 앞으로도 그대로 적용된다고 볼 수 있을 것인가? 주택 보급율은 이미 100%를 넘어섰다. 많은 건설업체들이 임대주택 건설을 앞으로의 핵심 비즈니스로 생각하고 있다. 따라서 질 좋은 임대주택은 계속 공급될 것이다.

그런데 2005년의 출생률은 1.08명이었다. 이때 출생한 세대가 결혼을 할 때는 외동아들과 외동딸이 결혼을 하게 되며 신랑·신부 모두가 부모로부터 집을 물려받는다는 계산이 된다. 장기 주택수요가 크게 늘어나지 않을 것이라는 하나의 사례인 것이다. 또한 이런 통계가 나타나면 가격은 미리 반영되어 떨어진다는 점도 고려해야 할 것이다.

지금까지 높은 가격상승율 때문에 크게 신경을 쓰지 않았던 주택보유 리스크도 앞으로는 심각하게 생각하지 않으면 안된다. 세월이 지남에 따라 주택은 낡아진다. 주위의

환경도 어떻게 변할지 모른다. 자산가치 하락의 리스크인 것이다. 여기에 은행차입금의 금리리스크, 직장을 잃게 되었을 때 나타날지도 모르는 차입금상환 리스크 등도 생각하지 않으면 안된다. 자가주택은 대부분의 경우 안전성, 수익성, 유동성 면에서 임대주택보다 불리하다고 보아야 하는 것이다.

따라서 구입자금의 상당부분을 빌려서 내 집 마련을 하려할 경우에는 내 집마련 자금, 차입상환금, 유지비용 등을 운용에 돌려서 얻을 수 있는 수익이 얼마나 되는지, 그 수익을 희생하고서라도 무리하게 내 집 마련을 해야 하는 것인지를 꼼꼼히 따져보아야 할 것이다.

이른바 셋방살이의 서러움도 예전 같지는 않을 것이다. 집을 빌려사는 사람의 권리가 점점 더 강해질 것이기 때문이다. 선진국 어느 나라도 빌려사는 사람의 권리가 우리나라만큼 약한 나라가 없기 때문이다.

임대주택공급이 계속 늘어나게 되면 집주인 또한 예전처럼 위세(?)를 부릴 수 없을 것이다. 위세를 부렸다가는 세를 놓기가 어렵게 될 것이기 때문이다.

이제 우리나라도 무리하게 돈을 빌려서라도 내 집을 마련하는 것이 좋은지, 아니면 임대주택에 살면서 여유자금을 운용하는 것이 좋을지를 합리적으로 따져보아야 할 시대에 들어섰다고 해야 할 것이다.

12. 신중을 기해야 할 노후대비 아파트 투자

　최근 몇 년 사이에 금리가 크게 떨어지면서 여유자금으로 아파트를 사서 노후에 세를 받아 생활하겠다는 사람들이 늘고 있다. 작년 봄 용산의 한 주상복합아파트의 청약이 과열현상을 보인 것도 그런 영향을 많이 받았을 것으로 생각된다. 청약과열현상이 언론에 크게 보도되고 있을 무렵 서울특파원으로 와있는 일본인 신문기자와 저녁을 같이 할 기회가 있었다. 그때 일본인 기자로부터 들은 말이 지금도 생각이 난다.

　"요즘 한국의 신문을 보고 있으면 1980년대 말 일본의 신문보도를 보던 생각이 납니다. 그때 일본도 그랬거든요. 이런 현상이 언제까지 갈까요? 제 생각에는 말기증상 같기도 한데…"

　물론 80년대 말의 일본과 지금 우리나라의 상황을 단순 비교 하는 것은 무리가 있다. 더더구나 말기증상이라는 말을 함부로 쓸 일도 아니다. 그러나 이 일본인 기자가 본국에 보유하고 있는 아파트 가격이 상승, 하락해온 이야기를 들어보면 그런 우려를 할 만도 하다는 생각이 들었다.

그는 80년대 중반에 동경 근교에 28평짜리 아파트를, 한국 돈으로 환산하면, 1억 2000만원에 샀다고 한다. 이것이 버블의 절정기에 3배 수준인 3억 6000만원까지 오르더니 그 후 10년 이상 하락을 계속하여 지금은 7000만원 수준에 와있다는 것이다. 최고 수준의 1/5 정도이다. 자기 집은 그래도 덜 떨어진 편이고 그보다 더 떨어진 아파트들도 수두룩하다는 것이다.

비슷한 사례는 1970년대에 미국에서도 있었다. 수년 전 굿모닝증권의 이사회 의장을 역임한 바 있는 티모시 메카시 씨로부터 들은 이야기이다. 당시 미국의 대도시에 사는 셀러리맨들 사이에서는 임대아파트 투자가 붐을 이루었다. 주택 건설업자들이 그림과 같이 예쁜 임대아파트를 지은 뒤 사진을 찍어 셀러리맨들에게 보냈다. 금리도 낮은데 노후생활비를 어떻게 할 것인가, 임대아파트에 투자해서 노후대비를 하라는 내용의 팜플렛도 동봉했다. 금리가 하락하면서 노후대비를 걱정하고 있던 다수의 셀러리맨들이 열심히 저축한 돈으로 여기에 투자를 했다.

문제는 그로부터 10년, 20년 지난 후에 발생했다. 이들이 막상 월세를 받아 생활하려고 보니 상황이 바뀐 것이다. 여유 있는 사람들은 교외로 빠져나가고 그 일대는 점차 슬럼화 되어갔다. 남아있는 것은 낡은 아파트와 이것을 투자라고 생각하고 있던 노인들 뿐이었다. 임대도 안되고 아파트 가격도 떨어져 노후대비가 전혀 되지 못한 것이다.

 일본과 미국에서 왜 이런 현상이 발생했는가? 간단한 원리이다. 공급은 늘고 수요는 크게 줄었기 때문이다. 나라마다 사회간접자본투자가 끝나면서 주택공급이 크게 느는 시기가 있다. 미국의 경우에는 1970년대, 일본의 경우에는 1980년대 후반이 이 시기였다. 우리나라의 경우는 아마도 지금부터가 아닐까 생각된다. 국내 건설회사의 경영자들로부터 앞으로 자기회사의 중점사업은 임대아파트, 임대주택 건설로 할 방침이라는 말을 자주 듣기 때문이다.

 그런데 문제는 이렇게 늘어나는 주택을 누가 사줄 것인가이다. 예를 들어 일본의 출산율은 1.3~1.4명의 시대가 오래 계속되어왔다. 이들 세대가 결혼할 때는 세 쌍 중에서 두 쌍이 양쪽 부모로부터 집을 한 채씩 물려받는다는 계산이 된다. 이런 통계가 일본의 주택가격하락에 영향을 준 것이다. 그런 관점에서 보면 우리나라의 출산율 저하는 더 급격하다. 2003년의 경우 1.13명이었다. 이들 세대가 결혼할 때는 모든 쌍이 집을 한채씩 물려받는다는 계산이 되는 것이다. 장기주택수요가 크게 늘지 않을 것임을 나타내주는 통계인 것이다.

주택 임대료를 받아 생활하려 할 경우 관리상의 어려움 또한 생각하지 않으면 안된다. 주위에서 보면 주택을 임대하고 있는데 세입자가 속을 썩혀서 고민이라는 말을 하는 사람이 있다. 그러나 선진국의 사정을 안다면 그런 말을 할 수 없을 것이다. 선진국의 경우에는 입주자가 월세도 안내고, 나가지도 않을 경우 대응을 하기가 훨씬 더 어렵다. 소송을 해서 내보내기까지 시간이 얼마나 걸릴지도 모른다. 이 때문에 개인들은 대부분 부동산을 실물로 직접투자를 하기보다는 부동산 투자신탁(Reits)과 같은 간접투자방법을 택하는 것이다.

이러한 선진국의 사례를 소개하는 것은 부동산이 투자대상으로 적절치 않으니 주식이나 펀드투자를 하라는 뜻이 아니다. 이제 우리나라도 모든 재산을 부동산 한 곳에 집중시키거나, 돈을 빌려서 무리하게 자기집을 마련할 경우, 그에 따르는 위험을 제대로 점검하지 않으면 안되는 시대가 되었다는 말을 하고 싶은 것이다.

13. 성공 투자의 기본은 투자대상의 분산

 3회에 걸쳐 부동산과 관련된 글을 올린 이후 질책에 가까운 내용의 E-mail을 많이 받았다. 필자가 우리나라의 현실을 제대로 이해하지 못하고 있는 것 같다는 지적이 특히 많았다.

 부동산 전문가도 아니면서 안이하게 선진국 사례를 국내에 적용시키려 한 것은 아닌가 하는 반성과 함께, 우리나라에서는 부동산 문제를 경제적 합리성만으로 설명하기 어려운 측면이 너무나 많다는 점을 다시 한번 깨닫게 되었다.

 다만, 필자가 부동산과 관련된 선진국의 사례를 소개한 것은 부동산이 투자대상으로 적절치 않다거나, 주식이나 펀드투자가 더 좋다는 뜻은 아니었다. 이제 우리나라도 모든 재산을 부동산 한 곳에 집중시키거나, 돈을 빌려서 무리

해설

하게 자기집을 마련할 경우, 그에 따르는 위험을 제대로 점검하지 않으면 안되는 시대가 되었다는 점을 지적하고 싶었던 것이다.

모든 투자에는 위험이 따른다. 따라서 그 위험을 피하는 방법의 하나로 투자대상의 분산을 택하는 것이다. 장래에 어떤 일이 발생할지 모르기 때문에, 일어날 수 있는 여러 가지 가능성 중 어떤 가능성이 현실화 되더라도 그에 대응할 수 있도록 투자대상을 분산해야 한다는 것이다.

그런데 지난해에 발표된 한국은행의 통계에 의하면, 2001년 말 기준으로, 우리나라의 평균적인 가정이 보유하고 있는 부동산: 금융자산의 비율은 약 5 : 1인 것으로 나타나고 있다. 그런데 여기서 말하는 부동산이란 주거용 주택만을 계산한 것이라고 한다. 따라서 부자들이 보유하고 있는 빌딩이나, 토지, 상가 등을 모두 포함시키고, 최근 몇 년 동안에 오른 수도권의 부동산 값 상승분까지 감안한다면 10 : 1 또는 20 : 1이 되지 않을까 생각된다. 반면에, 2003년 말 현재 미국 가계자산의 구조를 보면, 최근 몇 년 동안 부동산 가격이 급등했음에도 불구하고, 부동산 : 금융자산의 비율이 3 : 7 정도인 것으로 나타나고 있다(중앙은행 통계).

일본의 경우에도 1980년대 후반의 부동산 버블기에는 부동산의 비중이 매우 높았다. 그러나 90년대 이후 부동산이 계속 가격 하락을 보여 2003년 말 기준으로는 이 비율이 1 : 2 정도인 것으로 나타나고 있다(내각부 통계). 두 나라 모두 금융자산의 비중이 부동산의 두배 이상인 것이다.

 물론 부동산 가격의 상승·하락으로 이 비율은 얼마든지 변할 수 있고, 또 이들 나라와 우리나라의 발전 단계가 다르기 때문에 일률적으로 적용하기는 어려운 측면이 많다.

 그러나 이런 모든 점을 감안하다 하더라도 우리나라의 가계가 지나치게 부동산에 편중된 자산구조를 갖고 있다는 점만은 부정할 수 없을 것이다. 이제부터라도 「분산투자」의 개념을 심각하게 생각하지 않으면 안된다는 것이다.

 미국에서도 캘리포니아의 「땅 많은 가난뱅이」라는 말이 있다. 부동산을 잔뜩 보유하고 있으면서도 그것을 현금화시키지 못해 고생하고 있는 사람을 일컫는 말이다. 그러나 이것은 결코 미국만의 이야기가 아닐 것이다. 우리나라에서도 투기열풍이 지나가고 나면 얼마든지 나타날 수 있는 사례이다. 부동산은 문자 그대로 움직이지 않는 자산이라는 점을 명심해야 하는 것이다. 특히 노령층 세대일수록 부동산의 비중을 줄이고 금융자산의 비중을 높여가는 방법을

해설

적극 검토하지 않으면 안될 것이다.

필자의 글을 읽거나 강의를 듣고 어떤 분은, "당신 말을 듣고 보니 일리가 있다. 우선 우리집 자산의 20% 정도만이라도 부동산에서 금융자산으로 옮겨가야겠다"면서 자문을 요청해오는 경우가 있다. 또 어떤 분은 "당신 말이 일리는 있다. 그렇지만 지금 갖고 있는 부동산은 아까워서 팔 수가 없고 앞으로 생기는 돈은 모두 금융자산으로 보유하겠다"고 말한다. 젊은 세대 중에는, "저는 모아둔 재산은 거의 없구요, 매월 월급 받아 생활비 쓰고 나면 30만원 정도씩 남는데 이 돈으로 어떻게 금융자산에 운용하면 좋을까요?"라고 문의해오는 분도 있다.

그렇다면 이런 분들은 생각한 만큼의 금융자산을 어떤 상품에 넣어 어떻게 운용하면 좋을 것인가?

금융상품은 현금, 예금, 확정된 보험, 확정된 연금처럼 금융기관이 운용결과를 책임져주는 저축상품과 주식, 채권, 펀드와 같이 운용결과에 대한 책임을 자신이 져야 하는 투자상품이 있다. 이들 저축상품과 투자상품에 자신의 형편을 고려하여 분산투자 해야 한다는 것이 그 질문에 대한 대답이다.

14. 저축의 시대에서 투자의 시대로

　부동산에 편중되어 있는 자산구조를 시정하기 위해 금융자산의 비중을 높혀가야 되겠다고 결심한 투자자가 있다면, 이 투자자는 어떤 방식으로 금융자산을 늘려가는 게 좋을 것 인가? 금융자산을 늘리기 전에 먼저 해야 할 일은, 「저축한다」는 말과 「투자한다」는 말의 차이를 확실하게 이해하는 것이다.

　미국에서는 중학교 과정에서 저축과 투자의 차이를 확실하게 교육시킨다. 그러나 우리나라의 경우에는 지금까지 학교 교육에서 이런 내용을 가르쳐오지 않았다. 배운 일이 없기 때문에 대학을 졸업했는데도 '저축해서 돈을 모으자, 투자해서 돈을 모으자'라는 식으로 저축과 투자를 비슷한 뜻으로 쓰고 있는 사람이 많다.

　그러나 엄밀하게 말하면 저축과 투자는 상반된 개념을 갖

해설

고 있다. 「저축」은 사전을 찾아보면 「아껴서 모으다」라는 뜻으로 되어있다. 은행예금, 지급액이 확정된 보험, 지급액이 확정된 연금이 대표적인 저축상품에 속한다. 저축상품에 가입을 하면 자산이 불어나는 속도는 느리지만 원금손실을 볼 염려는 없다. 금융기관이 운용의 결과를 책임져주기 때문이다. 다시 말하면 저축상품은 금융기관이 운용의 결과를 책임져 주는 상품이라고 할 수 있는 것이다.

반면에, 「투자」는 「가능성을 믿고 자금을 투하하다」라는 뜻을 갖고 있다. 믿었던 대로 되면 크게 수익을 낼 수도 있지만, 믿었던 대로 되지 않으면 원금손실을 볼 수도 있다는 뜻이다. 손실을 보았더라도 투자를 중개해 준 금융기관에서는 책임을 져주지 않는다. 투자의 결과가 잘되든 잘못되든 모두 투자자 자신의 책임이기 때문이다. 대표적인 투자상품으로는 주식, 주식형펀드, 채권, 채권형펀드, 변액보험, 변액연금 등을 들 수 있다.

그런데 최근 2~3년 전부터 「저축의 시대에서 투자의 시대로」라는 말을 자주 듣는다. 지금과 같은 저금리 시대에는 저축보다는 투자를 하지 않으면 자산을 불려가기가 어려운 시대가 되었다는 뜻으로 쓰이고 있는 것 같다.

투자의 세계에서 10년을 계속하여 13~15%대의 수익율을 꾸준히 내는 펀드매니저가 있다면 이런 펀드매니저는 최우수 매니저급에 속한다. 그런데 우리나라에서는, 수년 전 까지만 해도 은행이 원리금을 보장해주는 정기예금의 금리가 이 보다 높았다. 이시기는 은행예금만으로도 자산을 불려가기가 어렵지 않았다는 의미에서 저축의 시대였다고 할 수 있다. 또한 투기라면 몰라도 투자를 할 수 있는 시대는 아니었다.

그런데 왜 지금은 투자의 시대로 바뀌었다는 것인가? 왜 굳이 위험이 따르는 투자를 해야 한다는 것인가? 몇 가지 이유가 있겠지만 가장 큰 이유로는 저금리 시대가 정착되어가고 있다는 점을 들 수 있을 것이다.

현재 우리나라의 1년 만기 정기예금금리는 4%대에 있다. 이 금리도 선진국 수준과 비교해보면 그렇게 낮은 금리라고 할 수 없다. 예를 들어 현재 일본의 1년 만기 정기예금금리는 0.1%에도 미치지 못한다. 어떤 일본인이 1980년대는 금리가 높아서 좋았었다는 말을 하기에, 그때는 금리수준이 어느 정도 였었느냐고 물었더니 1년 만기 정기예금금리가 2.9%였다는 것이었다. 그 시절이 좋았다는 것이다.

이런 점들을 감안해볼 때, 경기가 회복이 되고 설비투자가 늘어나면, 우리나라의 예금금리가 1~2%, 2~3%정도

해설

오르는 일은 있을 수 있겠지만, 우리나라에 혼란이 오지 않는 한 10%대의 예금금리 시대는 다시 오기 어렵다고 보는 게 옳을 것이다. 이제는 투자상품에 자산운용을 하지 않고서는 자산을 불려가기가 어려운 시대가 되었다는 뜻이다. 그런 의미에서 저축의 시대는 가고 투자의 시대가 되었다고 할 수 있는 것이다.

저금리 시대의 정착과 함께 저축의 시대에서 투자의 시대로 이행한 사례는 미국의 경험에서 찾아 볼 수 있다. 현재 미국의 가계금융자산중에서 차지하는 예금의 비중은 13% 정도에 지나지 않는다. 우리나라의 예금비중이 최근 2~3년 사이에 크게 낮아졌음에도 불구하고 46%나 되는 점을 감안하면 미국의 이 비중이 얼마나 낮은가를 알 수 있다.

미국 가정의 예금비중은 왜 이렇게 낮은가? 미국인들은 어떤 돈을 예금하는 것일까? 우리나라처럼 결혼자금이나 노후대비 자금을 마련하기 위해 예금을 하는 사람들은 많지 않다. 생활비와 같이 한 두 달 내에 써야 할 돈만을 은행예금에 넣어두고 있는 것이다. 예금은 일시적으로 자금을 넣어두는 수단일 뿐 자산을 불리는 수단으로는 생각하고 있지 않다는 뜻이다. 지금과 같은 저금리 시대에 자산을 불려 가는 데는 위험을 감수하고 라도 투자상품에 운용하지 않으면 안된다는 생각을 갖고 있기 때문이다. 이 때문에 주식, 채권, 펀드, 변액보험, 변액연금과 같은 투자상품이 차지하는 비중이 70~80%이르고 있다.

그런 미국에서도 1970년대까지는 가계금융자산을 현재의 우리나라에 못지않게 저축상품중심으로 운용해 왔었다. 예를 들어 1975년의 미국가계금융자산 중에서 차지하는 예금의 비중은 55%정도였다. 현재 우리나라의 예금 비중보다 훨씬 높은 수준이었던 것이다. 그러던 것이 30년이 지난 지금은 그 비중이 13%정도로 낮아지고 그만큼 투자상품의 비중이 늘어난 것이다. 여러가지 이유가 있지만 가장 큰 이유는 금리가 떨어졌기 때문이다.

이러한 현상이 최근 2~3년 전부터 우리나라에서도 나타나고 있다. 앞으로 저금리가 정착되어감에 따라 저축상품은 급속하게 투자상품으로 옮겨갈 것으로 예상된다.

투자에는 위험이 따른다. 투자의 결과는 모두 투자자의 책임이다. 투자를 하기 위해서는 공부를 하지 않으면 안된다는 뜻이다. 이제는 보통사람들도 진정한 투자의 의미와 각종 투자상품에 대한 공부를 하지 않으면 안되는 시대에 들어선 것이다.

15. 금융자산 관리는
세 개의 주머니로…

개인투자자가 자산운용에 성공하기 위해서는 지켜야 할 원칙이 있다.

첫째는 자산을 한가지만의 금융상품에 집중시켜서는 안 된다는 것이다. 분산 투자의 원칙이다.

두 번째는 투자상품을 단기간에 샀다 팔았다 해서는 안 된다. 다시 말해서 차분하게 물을 데워간다는 생각으로 보유를 해야 하는 것이다. 장기계속 투자의 원칙이다. 어려운 『투자론』 책을 읽는 것보다 이 두 가지 원칙을 지키는 것이 훨씬 더 중요하다.

이 원칙들을 구체적으로 실천하는 방법의 하나로 나는 투자자들에게 세개의 주머니를 제시하고 있다. 보유금융자산의 규모에 관계없이 세 개의 주머니, 즉 '저축 주머니'와 '트레이딩 주머니', '자산형성 주머니'에 나누어 관리하라는 것이다.

첫째 주머니는 저축주머니인데 이 주머니는 누구나 반드시 갖고 있어야 하는 주머니이다.

몇 개월 이내에 써야 할 생활비, 자녀학자금, 그리고, 예기치 않은 사태를 위한 비상금 등을 여기에 넣어 관리한다. 그런 의미에서 생계용 주머니라고도 할 수 있다. 이런 자금은 필요하면 언제든 꺼내 써야 하기 때문에 은행예금이나 MMF와 같은 저축상품에 넣어두어야 한다. 그런 의미에서 저축주머니인 것이다.

나는 30년 넘게 증권업계에 종사하면서, 이 저축주머니에 들어갈 자금을 위험도가 높은 주식에 투자했다가 엄청난 손해를 입은 사례를 여러 번 보아 왔다.

두번째 주머니인 트레이딩 주머니는 좀 노골적으로 표현한다면 투기 주머니, 또는 대박 주머니라고 할 수 있다.

트레이딩이란 주식, 채권, 선물·옵션 등의 개별 종목을 단기에 사고 팔아서 수익을 낸다는 뜻이다. 트레이딩 주머니는 여기에 쓸 돈을 넣어두는 주머니인 것이다.

물론 「트레이딩」도 투자의 한 종류임에는 틀림없다. 다만 투자는 위험을 관리하면서 자산을 안전하게 운용한다는 의미를 갖고 있는 반면, 트레이딩은 위험을 각오하고 '단

해설

기에 승부를 건다'는 의미가 강하다. 그렇다고 투자는 좋은 것이고 투기에 가까운 트레이딩은 나쁜 것이라는 뜻은 아니다. 실제로, 어떤 투자종목이나 시황을 열심히 분석해서 단기에 투자에 성공하는 사람도 많이 있다.

특히 요즘은 인터넷으로 주식 트레이딩을 하는 투자자들이 늘고 있다. 미국에서는 60~70세의 노인들이 정년퇴직 후에 머리회전이 둔해지는 것을 막기 위해서 인터넷 트레이딩을 많이 한다고 한다.

다만 트레이딩에 임하는 자세가 문제이다. 트레이딩의 성공은 실력보다는 운에 의한 요소가 훨씬 크기 때문에 매번 성공하기가 불가능하다는 것을 인정해야 한다는 것이다.

위험성이 큰 만큼 기대할 수 있는 수익도 큰 반면 크게 손해를 보는 경우도 생각해야 한다는 것이다. 운이 좋아 수익을 많이 냈을 때는 그 돈으로 부부가 같이 여행을 하기도 한다. 그러나 9.11테러사태와 같은 예기치 않은 상황을 만나 큰 손해를 보는 경우에도 '오락을 했으니까…' 하고 체념을 할 수 있어야 하며, 노후생활에 타격을 줄 정도의 비중을 차지해서는 안된다.

미국가정의 경우 보유금융자산의 20% 이상은 트레이딩 주머니에 넣지 않는다고 한다. 또한 모든 사람이 트레이딩 주머니를 갖고 있어야 할 필요도 없다.

세 개의 주머니 중 가장 중요한 주머니는 자산형성 주머니이다. 자신의 꿈을 실현하기 위한 자금을 비롯해서 자녀들의 교육자금, 노후생활자금 등을 마련하기 위한 주머니이기 때문이다. 특히 지금과 같은 저금리·고령화 시대에는 젊은 시절부터 이 주머니를 어떻게 관리하느냐에 따라 노후의 생활수준이 결정된다고도 할 수 있다.

자산형성 주머니를 운용하는 전략은 「투자대상의 분산」과 「장기 계속투자」에 두어야 한다. 또한 일반투자자의 경우에는 주식·채권의 개별종목에 직접투자하기 보다는 전문가가 운용해주는 펀드투자가 좋다. 미국의 경우에는 전 세대의 52%가 펀드를 이용해서 노후대비 자산형성 주머니를 운용한다고 한다.

이제 우리나라 가정에서도 저축주머니와 트레이딩 주머니만을 드나드는 「모」아니면 「도」식의 자산운용에서 벗어나 「자산형성 주머니」를 이용한 장기·분산 투자 방식이 하루 속히 정착되어야 할 것이다.

16. 외국계 자산운용사의 투자종목 선정 기준

얼마전 펀드를 소개하는 방송프로에서 외국계 자산운용사의 펀드매니저와 대담을 한 일이 있었다. 나는 그 회사의 주식형펀드 종목 선정기준에 대해 질문을 했다. 다음은 펀드매니저와 주고 받은 내용이다.

"귀사는 주식형 펀드에 편입하는 종목을 어떤 기준으로 선정합니까?"

"예, 5년 이내에 두 배 이상 오를 수 있을 만큼 저평가되어 있다고 판단되는 종목을 고릅니다. 저희는 마켓타이밍을 고려하지 않습니다. 또한 저희가 알 수 있는 기업의 주식만을 대상으로 합니다. 기업방문을 열심히 하여 그 기업의 가치에 비해서 주가가 저평가되어 있다고 생각되는 주식을 사놓고 제 값을 받을 때까지 기다린다는 생각으로 투자를 합니다. 우선 투자대상 후보에 오른 기업을 여러 차례 방문하여 경영층과 면담을 반복하고 그 기업이 속해있는 산업을 냉정하게 분석합니다. 그리하여 향후 5년간의 수익 전망을 분석합니다. 이 전망을 토대로 적정주가를 계산한 후 5년 이내에 두배 이상 오를 수 있다는 판단이 서면 투자를 결정하는 것입니다.

"그렇다면 투자한 종목은 언제 파십니까?"

"네, 첫째는 주가가 저희가 생각한 적정수준에 이르렀다고 생각했을 때 팝니다. 예를 들어 5년 이내에 두 배 수준까지 주가가 올랐을 때 입니다. 산지 몇 개월 만에 그 수준에 이르르면 그 때 팔고 일년 후에 그 수준이 되면 일년 후에 팝니다. 장기투자라고 하여 무작정 들고 있는게 아닙니다.

두번째는 투자한 기업의 내용(저희는 이것을 펀더멘탈이라고 합니다)이 당초의 저희 예상과 달리 나쁜 방향으로 가고 있다고 판단될 때 팝니다. 이때는 주가가 투자할 때 수준보다 크게 떨어져 있더라도 미련 없이 팔아버립니다. 더 큰 손실을 줄이기 위해서 입니다."

위에 소개한 회사 뿐 아니라 세계적으로 성공한 자산운용사들은 대부분 장기·분산투자를 운용철학으로 하고 있다. 그들은 주식투자에 성공하기 위해서는 「시장전체의 리스크」와 「개별종목 고유의 리스크」를 피해야 한다고 생각하기 때문이다.

해설

　시장전체의 리스크란, 예를 들어 서울 주식시장 전체가 하락하는 리스크를 말한다. 어느 회사의 주식을 보유하고 있는데 그 회사가 경영을 잘하여 영업실적이 호조를 보이고 있음에도 불구하고 9·11테러사태나 이라크전쟁 발발과 같은 돌발적인 때문에 주식시장 전체가 하락하는 경우이다.

　그렇다면 시장 전체의 리스크는 어떻게 피할 수 있을까? 단기로 투자할 경우에는 피할 수 없다. 다음 주 또는 다음 달의 시황 전망만 잘하면 시장 리스크를 피할 수 있는 것처럼 말하지만 실제로는 불가능하다. 그런 전제하에서 좋은 회사의 주식을 사놓고 제 값을 받을 수 있을 때까지 참고 기다리는 게 투자라는 것이다. 앞에 소개했던 외국계 자산운용사가 종목선정 기준을 「5년 이내에 두배 이상 주가가 오를 수 있다고 판단되는 종목」으로 하고 있는 것도 바로 이런 이유 때문이다.

　주식투자에 따르는 또 하나의 리스크는 「개별종목 고유의 리스크」이다. 어느 기업의 주식을 샀을 경우 그 기업의 고유요인으로 인해 주가가 변동하는 리스크인 것이다.

　개별종목 리스크를 피하기 위해서는 기본적으로 좋은 기업의 주식을 고르려는 노력을 하지 않으면 안된다. 열심히 기업방문을 하고 경영진의 능력을 포함한 해당 기업의 내용과 그 기업이 속해있는 산업을 냉정하게 분석하여 자산가치, 수익성 등에 비해 주가가 저평가되어 있는 기업을 골라야 하는 것이다.

 그러나 우수한 애널리스트들이 아무리 노력을 한다 하더라도 개별종목 리스크를 100% 피할 수는 없다. 주가를 움직이는 복잡한 변수들이 너무나 많기 때문이다. 따라서 개별종목 리스크를 줄이는 방법으로 여러 종목에 「분산투자」를 하지 않으면 안되는 것이다.

17. 왜 배당주 투자인가?

미국 연기금들의 자산운용은 주식투자가 중심이다. 예를 들어 주요대학 기금들의 운용자산 배분내역을 보면 주식관련 상품의 비중이 70~80%를 차지하고 있다. 주식운용이 제로에 가까운 우리나라 대학기금과는 크게 비교가 되는 것이다.

그런데 미국의 대학기금도 1970년대까지는 은행예금과 채권운용이 주력이었다. 이것이 1980년대 이후 저금리 시대가 정착이 되면서 주식, 그 중에서도 배당주투자 중심으로 바뀐 것이다.

미국의 연기금이나 배당투자자들은 코카콜라나 디즈니랜드와 같이 꾸준히 이익을 내면서 높은 배당성향을 유지하는 회사의 주식에 주로 투자한다. 마이크로소프트와 같은 회사의 주식은 성장성은 높지만 그동안 배당을 주지 않는 정책을 펴왔기 때문에, 2003년에 배당을 중시하는 방향으로 정책을 바꾼다는 발표가 있기 전까지는 많은 연기금들이 이 회사의 주식을 투자대상에서 제외시켜 왔었다.

우리나라의 각종 연기금들도 이제는 이와 같은 미국 연기금들의 경험을 참고로 하지 않으면 안되는 환경에 처해 있는데도 현실은 그렇지 못한 것 같다.

2001년 초 모 공익단체의 기금운용 자문위원을 맡고 있을 때의 일이다. 이 단체는 정기예금 금리가 9%이상만 되면 다른 고민을 할 필요 없이 예금금리수입만으로 1년 사업을 해 나갈 수 있었다. 그런데 은행금리가 갑자기 3~4% 수준으로 떨어지면서 문제가 생겼다. 금리수입만으로는 사업예산이 턱없이 모자라기 때문이다. 기금운용 수익을 높일 수 있는 방법이 없겠는지 자문위원들에게 문의를 해왔다. 자문위원들은 논의를 거듭한 끝에 배당주펀드투자를 제안했다. 당시에는 주가 수준이 아주 낮았기 때문에 예상배당수익율이 10%를 웃도는 종목이 50종목도 넘었다. 이중에서 우량회사를 10종목만 골라 펀드로 구성하여 투자하라는 것이었다. "다만 주가는 끊임없이 변하기 때문에 회사의 경영내용이 나쁜 방향으로 가지 않는 한 주가의 등락에 신경 쓰지 말고 주식을 장기보유 해야 한다. 그렇게 하면 결과적으로 투자원금의 10% 이상에 해당하는 배당금을 매년 받게 된다. 이

방법은 미국의 많은 연기금들 및 배당수입으로 생활비를 충당하는 고령투자자들이 활용하고 있는 투자방법이다"라는 설명도 덧붙였다.

이 제안에 대해 기금운용 책임자들은 처음에는 매우 큰 관심을 보였다. 그러나 일주일 정도 검토를 거친 후에 내린 결론은 펀드투자가 불가능하다는 것이었다. 주가가 오르면 다행이지만 만약에 하락을 하여 펀드가 손실을 보게 되면 가을의 국정감사에서 기금운용 책임자들이 문책을 당할지 모른다는 것이 그런 결론을 내리게 된 이유였다.

이런 사정은 우리나라 각종 연기금이 공통적으로 안고 있는 문제일 것이다. 따라서 이들 연기금이 장기주식투자를 할 수 있는 환경을 만들어주지 않는한 지금과 같은 저금리 시대에 기금의 운용수익률을 높이기가 거의 불가능하지 않을까 생각된다.

그런데 자문회의가 끝난 후 전직교수 출신인 이 단체의 원장님께서 "아까 말한 펀드를 내가 살 수 없을까요?"라고 말씀하시는 것이었다. 이분이 학교근처에 서재로 쓰던 소형 아파트가 있는데 정년퇴직으로 필요 없게 되어 전세를 주고 있었다. 예금 금리가 10% 이상이던 시절에는 전세금에서 나오는 이자를 받아 요긴하게 쓸 수 있었다. 그런데 금리가 3~4% 수준으로 떨어지다 보니 세금 떼고 나면 이자수입이 몇 푼 안된다는 것이다.

그렇다. 바로 이런 분에게 맞는 노후대비 자산운용방법 중의 하나가 배당주(또는 배당주 펀드) 투자인 것이다. 재무 내용이 좋은 회사(주로 내수종목) 중에서 예상 배당수익율이 일정 수준(예를 들어 6% 또는 7%) 이상인 종목(또는 펀드)을 돈이 생기는대로 사서 모아가는 것이다. 그렇게 되면 투자한 금액으로부터 매년 6~7% 이상의 배당금을 받을 뿐 아니라 주가가 오를 경우 시세차익도 얻을 수 있는 것이다. 물론 회사 경영에 근본적으로 문제가 생길 경우 이외는 주식을 단기로 사고 팔지(따라서 주가 움직임에 신경을 쓰지) 않는다. 따라서 많은 미국 투자자들이 젊은 시절부터 코카콜라나 디즈니랜드와 같이 내수우량기업이면서 배당성향이 높은 주식을 계속 사모아 노후대비를 하는 것이다. 이제 우리나라에도 이런 방식의 배당주 투자가 일반화되어야 할 시기에 들어섰지 않나 여겨진다.

18. 금융자산 운용은 펀드투자로

　최근 2~3년 전부터 우리나라에도 펀드투자자가 급속하게 늘어나고 있다. 2006년 11월 말 현재 펀드투자 잔고는 235조 4000억원, 펀드투자 계좌수는 1245만 계좌에 이른다. 특히 지난해에는 주식형펀드가 크게 늘었다. 2005년 말 현재 26조 2000억원 정도였던 주식형펀드의 잔고는 2006년 말 현재 46조 3000억원으로, 11개월 사이에 20조원 이상이 늘어난 것이다.

　펀드란 한마디로 '일반투자자로부터 자금을 모아 전문가가 대신 운용해주는 제도'라 할 수 있다. 그렇다면 이렇게 펀드투자가 늘고 있는 이유는 무엇일까?

　가장 큰 이유는 지금과 같은 저금리시대에 자산을 불리기 위해서는 위험을 감수하더라도 주식투자를 하지 않을 수 없는데, 직업을 가진 일반투자자가 개별종목 투자로 성공하기란 쉽지 않다는 것을 깨닫게 됐기 때문이다. 우리 경제가 국제화되면서 주가 형성 요인이 너무나 복잡해졌을 뿐 아니라 마음이 약한 개인투자자가 급변하는 시황에 대응해 사고 파는 결단을 내리기 어렵다는 것을 알게된 것이다.

개인투자자의 입장에서는 자신의 직업에 충실하기 위해서라도 전문가가 대신운용해주는 펀드투자가 바람직하다는 인식이 확산되고 있다. 필자의 경우도 30년 넘게 증권업무에 종사해 왔지만 증권저축계좌로 주식 개별종목에 투자하던 것을 몇 년 전부터는 하지 않고 있다. '개별종목을 쫓아다닐 시간에 본업에 충실한 편이 낫다'는 생각이 들었기 때문이다.

개인투자자의 가장 유력한 수입원은 자신이 하고 있는 일에서 나오는 월급 또는 사업소득이다. 한 사람의 인생에서 가장 큰 투자엔진은 자신의 직업으로부터 얻는 수입이고 자산운용은 어디까지나 부업이라는 뜻이다.

따라서 전체 수입을 가장 크게 하기 위해서는 자기가 맡은 일에서 성공을 거두는 것이 무엇보다도 중요하다. 자신의 직업으로부터 얻는 소득을 높이려는 노력을 게을리하면서 주식투자에 열중하는 방식으로는 결코 성공할 수 없다. 주식투자에 지나치게 몰두하다 보면 가장 수익성이 높은 자산을 썩히는 결과를 초래할 수 있기 때문이다. 따라서 투

> 해설

자는 전문가에게 맡기고, 투자자는 가장 큰 투자의 엔진인 자신의 직업에 충실하자는 생각이 확산되고 있는 것이다.

그런데 문제는 펀드에 투자하는 방법이다. 올바른 투자방식이 제대로 정착되어 있지 않다는 것이다. 과거에도 몇 번의 펀드투자붐이 있었지만, 대부분의 개인투자자들이 펀드투자에서 성공을 거두지 못한 것은 단기 시황전망을 근거로 충동투자를 했기 때문이 아니었나 생각된다. 주가상승국면의 막바지에 주가가 오른다는 말만 듣고 펀드를 샀다가 주가 하락에 놀라서 서둘러 팔아버린 경우가 대부분이었다는 것이다.

물론 주가가 바닥 수준에 이르렀을 때 주식형 펀드에 투자했다가 천정 수준에 이르기 직전에 팔아버리는 것만큼 좋은 투자방법은 없을 것이다. 그러나 그렇게 한다는 것이 현실적으로 불가능하다는게 문제이다. 주가는 오를 때는 한없이 오를 것 같고 떨어질 때는 한 없이 떨어질 것처럼 보이기 때문이다. 따라서 일찍이 이런 투자방식에서 실패를 경험한 선진국의 투자자들에게는 소액투자는 적립식으로, 목돈투자는 포트폴리오를 짜서 투자하는 방식이 정착되어 있다.

적립식 투자란 소액투자를 할 때 주로 이용하는 방법인데, 은행 적금처럼 정기적으로 일정금액씩 펀드에 투자해나가는 방법을 말한다. 예를 들어 매월 50만원씩 주식형 펀드에 투자한다고 가정해본다. 그렇게 할 경우 주가가 높을 때는 펀드의 단가도 높을 것이기 때문에 매입할 수 있는 펀드의 수량이 적어진다.

이렇게 4개월간 총 200만원을 투자했다고 가정한다. 그런데 5개월째 된 시점에서 주가가 크게 떨어져 투자한 금액의 평가액이 170만원으로 줄어들 수도 있다. 이에 놀라서 해약해 버리는 투자자들도 많다. 그러나 그렇게 끝나버리면 적립식 투자의 의미가 없다. 이 시점에서는 주가가 낮아져 있기 때문에 같은 금액으로 더 많은 수량의 펀드를 살 수 있는 것이다. 주가추이에 관계없이 이런 식으로 몇 년을 계속해서 투자해나가면 펀드의 평균 매입단가가 낮아지는 효과가 있다. 이것이 적립식 투자의 이점인 것이다. 이 방법을 투자시점을 분산시킨다는 의미에서 「시간분산투자」라고도 한다.

이렇게 적립식 투자를 몇 년 계속하여 목돈이 마련되면 이번에는 포트폴리오 방식으로 투자방식을 바꾼다.

포트폴리오란 이태리어의 「서류를 끼우는 홀더」라는 뜻에서 유래된 말이다. 이것이 금융시장에 도입되어 「보유금융상품 일람표」와 같은 뜻으로 쓰이고 있다.

해설

 펀드의 종류는 크게 주식형펀드, 채권형펀드, MMF로 나눌 수 있다.

 주식형펀드는 주로 주식에 투자하는 펀드이다. 따라서 주가가 오를 때는 같이 오르고 떨어질 때 같이 떨어지는 경향이 있다. 공격적으로 운용되는 펀드라고 할 수 있는 것이다.

 채권형펀드는 주로 채권에 투자하는 펀드이다. 따라서 채권을 발행한 회사에 문제가 생겨 채권회수가 어렵게 되었거나 금리가 크게 오르지 않는 한 원금손실의 염려가 크지 않은 펀드이다. 주식형펀드에 비해 안정적으로 운용되는 펀드라고 할 수 있는 것이다.

 MMF(Money Market Fund)란, 은행의 보통예금처럼 수시로 입출금이 가능하면서, 은행금리보다 높은 수익율을 기대할 수 있는 펀드이다. 단기 자금 운용에 알맞는 펀드라고 할 수 있는 것이다.

 이상을 펀드의 3대 유형이라고 할 수 있는데, 보유자금을 이들 펀드에 나누어서 투자하는 것을 포트폴리오 투자라고 한다.

 예를 들어 중년의 투자자가 1억 원의 자금을 투자하려고 할 경우, 주식형펀드에 50%, 채권형펀드에 40%, MMF에 10%를 넣었다면, 이 투자자는 3개의 펀드에 종목분산투자를 했다고 말하기도 하고, 3개의 펀드를 5:4:1의 비율로 포트폴리오를 짰다고 말하기도 한다.

그렇다면 포트폴리오는 어떻게 짜야 하는가? 자신의 형편에 맞게 짜야 한다는 것이 그 대답이다. 위험부담(리스크)을 거의 질 수 없는 투자자라면 주식형 펀드와 같이 공격적인 상품의 비중을 아주 낮추고, 채권형과 MMF와 같이 위험도가 낮은 상품의 비중을 크게 늘린다. 반대로 상당히 큰 위험도 부담할 수 있는 투자자라면 주식형 펀드의 비중을 높이고, 채권형, MMF의 비중은 낮게 하는 포트폴리오를 짠다.

투자자의 형편을 결정하는 요소로는 나이와 재산상태, 가족상황, 자신의 투자성향, 투자기간 등을 들 수 있다. 일반적으로 60세 이상이라면 주식형의 비중을 40%이하로 하는 원금 중시형의 포트폴리오를, 20~30대의 젊은 층이라면 주식형의 비중을 70%이상으로 하는 시세차익 추구형의 포트폴리오를 짜는 게 좋다.

19. 어린이펀드로 자녀경제교육과 학자금 마련을…

최근 들어 어린이·청소년을 대상으로 하는 펀드상품이 잇달아 출시되고 있다. 「우리아이 3억 만들기」, 「자녀사랑 메신저」, 「사과나무 통장」 등이 그것이다. 이들 펀드는 우량주식 또는 채권 등에 주로 운용하는 펀드로서 어린이들에게 투자마인드를 길러주면서 대학학자금을 마련하도록 하는데 목적을 두고 있다. 대부분 적립식으로 투자하도록 되어있으며 경제교육 뿐 아니라 상해보험 혜택도 받을 수 있도록 설계된 펀드도 있다.

어린이 펀드가 가장 많이 보급된 나라는 미국이다. 미국의 증권회사나 은행에 가면 어린이나 중고등학생을 대상으로 판매하는 투자신탁펀드를 쉽게 발견할 수 있다. 보통 칠드런 펀드(Children Fund) 또는 영 인베스터 펀드(Young Investor Fund)라고 부른다. 가입자격에 연령제한이 있는 것은 아니지만 14세 미만의 어린이·청소년들이 가입자의 중심을 이루고 있다고 한다.

이들 펀드는 운용성적도 성적이지만 학생 투자가들에게 한달에 한번씩 발송하는 팜플렛의 내용이 매우 흥미롭다. 이 펀드가 투자하고 있는 기업, 예를 들어 코카콜라, 맥도날드, 월드 디즈니랜드와 같은 유명 회사의 내용 소개, 사장 인터뷰, 퍼즐, 에세이 경시대회 결과 등에 대한 내용이 재미있게 실려있는 것이다. 학생들은 이 자료를 통해 증권시장과 투신상품에 대해 자연스럽게 공부를 할 수 있도록 되어 있다. 때로는 이들 기업을 방문하는 행사도 마련하고 있다. 이 펀드가 어떻게 운용되고 있는지를 설명하는 운용보고서도 학생 독자를 의식해서 「어느 기업이 어떻게 돈을 벌고 있는가?」, 「지난 몇 달 동안에 펀드의 가격이 오른 이유는 무엇인가?」등에 대해 아주 알기 쉽게 설명하고 있다.

어린이들은 이들 펀드투자를 통해 초등학교, 중학교, 고등학교로 올라가면서 돈이란 무엇인가, 투자란 무엇인가, 기업이란 무엇인가, 펀드란 무엇인가 등등에 대해 자연스럽게 공부를 할 수 있는 것이다.

펀드구입 자금은 부모나 조부모들이 내는 경우가 많다. 자녀 또는 손자·손녀의 출생을 기념하여 증여세가 부과되지 않는 범위 내에서 가입시켜 주는 것이다. 따라서 거액의 자금보다는 몇 만원, 몇 십 만원씩을 적립식으로 투자하는 경우가 대부분이다. 펀드에 장기투자하여 대학입학등록금을 마련하는 한편 자녀들에게 올바른 투자교육을 시키겠다는 생각으로 구입 자금을 내고 있는 것이다.

투신운용사나 판매증권사, 판매은행 등도 이런 펀드를 통해 회사수익을 올리겠다는 생각보다는 미래의 고객을 발굴하고 교육시키겠다는 데에 주안점을 두고 있다. 펀드투자를 통해 투자교육을 받은 학생들이 사회에 나오게 되면 자연스럽게 장기계획을 세워 노후대비를 위한 투자를 시작할 것이라고 보는 것이다.

영국의 경우에는 정부가 나설 정도로 적극적이다. 어린이를 미래의 투자가로 육성한다는 취지 아래 금년부터는 CTF(Child Trust Fund) 제도를 도입했다. 2002년 9월 이후에 출생한 어린이가 있는 모든 세대(약 170만 세대)에 대해 액면 250 파운드(약 50만원) 상당의 CTF를 지급하기로 한 것이다. 물론 앞으로 출생하는 신생아에게도 지급된다. 250파운드의 종자돈으로 어린이의 장래에 대비한 자산형성을 도와주면서 동시에 금융투자교육을 시키겠다는 것이다. 세계에 유례가 없는 투자우대정책이라고 할 수 있다.

보호자들은 이 증서를 갖고 금융기관에 가서 계좌를 개설하고 주식이나 투자신탁펀드 등의 운용상품을 고르도록 되어 있다. 보호자나 친족이 매월 10파운드 이상 연 1200파운드 이내에서 추가로 갹출을 하여 투자를 할 수도 있다. 또한 어린이가 18세가 될 때까지는 인출이 불가능하도록 되어 있다.

구미 선진국에서 이렇게 적극적으로 어린이펀드를 보급시키려고 하는 이유는 자라나는 어린이들에게 금융·경제 교육을 시켜 미래의 투자가를 육성하기 위한 것이다.

우리나라에서도 최근의 어린이펀드 출시 붐이 학부모 뿐 아니라 정책당국, 관련업계, 사회교육 및 학교교육 관계자들의 청소년 경제교육에 대한 관심을 높이는 계기로 발전되기를 기대한다.

"금융·경제 교육은 수학교육 못지않게 중요하다"고 한 미국 연방준비위원회 그린스펀 의장의 의회 발언을 깊이 생각해보는 계기가 되었으면 하는 것이다.

20. 자신의 형편에 맞는 투자 포트폴리오 짜기

몇 천만원 또는 몇 억원의 목돈을 펀드에 투자하기 위해서는 자신의 형편에 맞는 포트폴리오를 짜서 주식형펀드, 채권형펀드, MMF등에 분산투자 해야한다. 여기에서 말하는 자신의 형편이란 투자에 따르는 위험을 감내할 수 있는 정도를 말하는데, 일반적으로 투자자의 연령, 재산상태, 직업, 가족상황, 투자성향, 투자기간 등에 의해 결정된다.

자신에게 맞는 포트폴리오를 짜기위해 먼저 이 책의 20p~23P에 있는「자신의 형편을 고려한 리스크 허용도 측정」을 체크해 보길 바란다.

이 설문조사에서 자신에게 해당되는 항목의 점수를 합산해 본 결과 5~12점이 나왔을 경우에는, 투자원본은 꼭 지키려는「원본중시형 투자자」에 해당된다고 볼 수 있다. 이 때의 투자포트폴리오는 주식(주식형펀드)과 같은 공격적인 투자상품에 10%, 채권(채권형펀드)과 같은 안정적인 투자상품에 40%, 원본훼손의 염려가 거의 없는 예금·MMF에 50% 정도가 바람직하다.

합산점수가 13~20점이면, 약간의 수익성은 기대하지만, 여전히 원본손실의 위험을 회피하려고 하는 「이자·배당 중시형 투자자」에 속한다고 볼 수 있다. 이때의 포트폴리오는 주식(주식형펀드) 25%, 채권(채권형펀드) 50%, 예금·MMF 25% 정도가 바람직하다.

합산점수가 21~28점일 경우에는, 수익율 추구와 원본손실 위험의 균형을 고려하는 「이자·배당 및 시세차익 절충형 투자자」에 해당된다고 볼 수 있다. 이때의 포트폴리오는 주식(주식형펀드) 40%, 채권(채권형펀드) 50%, 예금·MMF 10% 정도가 바람직하다.

합산점수가 29~36점일 경우에는, 가격변동의 위험을 적극적으로 수용하여 평균이상의 수익율을 달성하려고 하는 「시세차익 중시형 투자자」에 해당된다고 볼 수 있다. 이때의 포트폴리오는 주식(주식형펀드) 65%, 채권(채권형펀드) 30%, 예금·MMF 5% 정도가 바람직하다.

합산점수가 37~45점일 경우에는, 고수익율 확보를 위해 주식의 시세상승차익을 중시하는 「시세차익 추구형 투자자」에 해당된다고 볼 수 있다. 이때의 포트폴리오는 주식(주식형펀드) 75%, 채권(채권형펀드) 20%, 예금·MMF 5% 정도가 바람직하다.

이상의 설문조사가 너무 복잡하다고 생각될 경우에는 나이만을 기준으로 해서 포트폴리오를 짤 수도 있다.

'100-나이'의 법칙을 활용하면 된다. 즉, 100에서 자신의 나이를 뺀 만큼의 비율을 주식이나 주식형펀드 같은 공격적인 펀드에 넣고, 나머지는 채권형, MMF와 같은 안정적인 펀드에 넣는 방법이다. 예를 들어 40대의 투자자라면 60%(100-40)를 공격적인 펀드에 넣고 나머지 40%는 안정적인 펀드에 넣는다. 반대로 60대의 투자자라면 40%(100-60)를 공격적인 펀드에 넣고 나머지 60%는 안정적인 펀드에 넣는 포트폴리오를 짜면 되는 것이다.

21. 좋은 펀드 고르는 법

펀드투자를 위해 자신의 형편에 맞는 펀드 포트폴리오를 짠 다음에는 그 포트폴리오에 맞는 주식형펀드, 채권형펀드, MMF등을 사넣어야 한다. 그런데 은행예금과 같은 저축상품과는 달리 펀드는 크게 수익을 낼 수도 있지만 원금손실의 위험도 따르는 투자상품이기 때문에 펀드의 내용을 꼼꼼히 따져보고 가입을 하지 않으면 안된다.

특히 주식형펀드에 투자할 경우에는 투자방식을 적립식으로 하든, 포트폴리오 방식으로 하든, 다음 몇 가지 사항을 꼭 확인하지 않으면 안된다.

첫째, 주식형펀드가 배당주펀드나 가치주 펀드처럼 보수적으로 운용하는 펀드인지, 성장주펀드, 코스닥펀드와 같이 공격적으로 운용하는 펀드인지, 시장평균 수익율을 추구하는 인덱스펀드인지를 알아보고 그 펀드가 자신의 투자목적에 맞는 것인지를 확인할 필요가 있다.

해설

두번째는 펀드운용회사의 평판을 확인해야 한다. 펀드의 운용성적은 판매회사가 아닌 운용사의 실력에 좌우되기 때문이다. 따라서 과거의 운용성과는 어떠했는지, 대주주가 운용업에 대해 제대로 이해를 하고 있는지, 확실한 운용철학을 일관성있게 지켜나가고 있는 운용사인지를 확인해야 하는 것이다. 그러나 일반투자자들이 이런 내용을 알기는 쉽지가 않다. 신뢰할 수 있는 FP의 도움을 받아 판단할 수밖에 없는 것이다.

세번째는 과거 3~4년간의 펀드운용실적을 확인해야 한다. 과거의 운용성적이 미래의 성적을 보장하는 것은 아니지만, 과거실적이 좋은 펀드가 앞으로도 좋을 가능성이 크기 때문이다. 최종 운용결과가 좋더라도 운용성적의 굴곡이 심한 펀드는 피하고, 중상 이상의 성적을 꾸준히 내는 펀드를 고르는게 좋다.

네번째는 펀드관련 수수료를 확인해보아야 한다. 대부분의 국내펀드들은 수수료가 자동적으로 빠져나가기 때문에 요율이 얼마나 비싼지 실감을 하기가 쉽지 않다. 투자자들 또한 주가만 오르면 1~2%의 수수료 차이쯤이야 대수롭지 않다고 생각하는 경향이 있다. 그러나 5년, 10년 장기투자를 할 경우에는 약간의 수수료율 차이는 운용성적에 큰 영향을 준다는 점을 명심해야 하는 것이다.

 이상과 같은 과정을 거쳐 좋은 펀드를 골라야 하는데, 일반투자자로서는 펀드의 이름만 듣고는 그 펀드가 좋은 펀드인지 어떤지를 알 수가 없다. 펀드를 판매하는 은행·증권·보험사의 FP의 도움을 받아야 하는 것이다. 따라서 일반투자자의 입장에서는 제대로 된 상담을 받을 수 있는 펀드 판매회사 즉, 은행·증권·보험사와 같은 금융기관을 찾아가지 않으면 안된다. 그렇다면 어떤 금융기관이 좋은 판매 회사인가?

 첫째는, 좋은 운용사의 좋은 펀드를 고를 수 있는 시스템을 갖춘 회사이어야 한다. 아무리 투자자의 형편에 맞는 포트폴리오를 짜고 장기투자를 한다 해도, 안정적으로 좋은 운용성적을 내는 펀드를 포트폴리오에 넣지 않으면, 바라는 만큼의 투자성과를 올리기 어렵다. 따라서 판매사에게 가장 필요한 것은 실력 있는 운용사의 좋은 펀드를 고를 수 있는 시스템을 갖추는 일이라 할 수 있는 것이다.

 우리나라의 경우에는 펀드평가회사의 역할이 정착되어 있지 않고, 일반투자자들의 입장에서는 평가 관련 자료를 입수하기도 쉽지 않기 때문에 판매회사의 우량펀드 선정능력은 특히 중요하다.

> 해설

둘째는, 다양한 상품 공급능력을 갖춘 회사이어야 한다. 판매사가 고객들에게 자신의 형편에 맞는 포트폴리오를 짜서 투자하도록 하려면 그에 맞는 다양한 상품을 제공할 수 있어야 한다. 쓸데 없이 가짓수만 많이 진열해놓는 것은 의미가 없다. 좋은 펀드를 고객의 요구에 맞게 제공할 수 있는 시스템이 중요한 것이다. 특정 분야의 펀드만을 중점적으로 내놓거나, 운용성적에 관계 없이 계열사의 펀드만을 취급하는 판매사는 결코 좋은 판매사라고 할 수 없다.

셋째는, 실력 있는 FP를 충분히 확보하고 있는 회사이어야 한다. 투자자가 판매사에 찾아가서 상담을 받는 것은 결국 FP(Financial Planner)로부터이다. 따라서, 필요할 때는 언제든지, 신뢰할 수 있고 실력 있는 FP로부터 상담을 받을 수 있는 시스템을 갖춘 회사가 바로 좋은 판매사라고 할 수 있는 것이다.

훌륭한 FP는 고객의 뜻에 영합하기만 해서는 안된다. 때로는 고객의 의사에 반하더라도, 고객에게 이익이 된다고 생각할 때는 고객을 설득도 할 수 있는 능력과 용기를 갖추고 있지 않으면 안된다. 투자교육능력이라고 할 수 있다.

물론 우수한 FP가 되기 위해서는 끊임없이 자기개발 노력을 하지 않으면 안될 것이다. 따라서 실력 있는 FP를 양성하고 그 FP가 제대로 된 상담을 할 수 있도록 지원하는 시스템을 갖춘 회사가 좋은 판매사라고 할 수 있다.

넷째는, 투자자보호 시스템을 제대로 갖추어 놓은 회사이어야 한다. 판매회사가 우량펀드 선정능력과 다양한 상품공급능력을 갖추고 있고, 실력 있는 FP를 다수 확보하고 있다고 하더라도 회사는 어디까지나 이익을 추구하는 집단이다. 이점에서는 FP 또한 마찬가지이다. 이 때문에 때로는 회사의 조직이나 개별 FP가 고객의 이익에 반하는 방식으로 비즈니스를 전개할 가능성도 있다. 따라서 좋은 판매회사란 상시 모니터링을 통해 이와 같은 부당 비즈니스 행위를 견제할 수 있는 시스템을 갖추어 놓은 회사라고 할 수 있는 것이다.

22. 정기적으로 펀드 포트폴리오를 점검하자

개인투자자가 투자에 성공하기 위해서는 자신의 형편에 맞게 펀드 포트폴리오를 짜서 투자하는게 좋다.

나의 경우에는 현재 보유하고 있는 금융자산과 신규로 투자하는 자금을 주식형 50%, 채권형 40%, MMF 10%의 포트폴리오를 짜서 운용하고 있다.

50대 후반인 나에게는 비교적 공격적인 포트폴리오라고 할 수 있다. 그럼에도 불구하고 주가가 급등할 때는 채권형을 팔아 주식형을 늘리고 싶은 유혹을 받게 된다. 주식형 펀드의 기준가격은 계속 오르는데 비해 채권형이나 MMF는 거의 늘어나지 않기 때문이다. 그러나 어떤 특별한 정보나 기발한 내용을 아는 것보다 더 중요한 것은 이럴 때 유혹을 참고 자신에 맞는 포트폴리오를 지켜가는 것이다. 그 대신 6개월에 한번씩 포트폴리오에 들어 있는 펀드들을 시가로 평가해본다. 성격이 급해서 3개월에 한번씩 평가하는 투자자도 있고, 미국에서는 느긋하게 1년에 한번씩 평가하는 투자자도 있지만, 우리나라의 경우에는 6개월에 한번 정도가 적당하지 않나 생각된다.

예를 들어 6개월 사이에 주가가 크게 올라 주식형 펀드의 비중이 전체 투자금액의 65%로 늘어났다고 가정한다.

이렇게 되면 주식형펀드 50%였던 중년의 포트폴리오가 30대에게나 맞는 '시세차익 중시형 포트폴리오'로 바뀐 결과가 된다. 중년투자자에게는 위험도가 너무 높은 포트폴리오가 된 것이다. 따라서 이 경우에는 주식형펀드에서 늘어난 15%를 팔아 채권형 · MMF의 줄어든 비율을 채워야 한다. 주가가 너무 올라 떨어질 것 같아서 주식형의 비중을 줄이는게 아니다. 중년에게 맞는 포트폴리오로 바꾸어놓기 위해서이다.

이처럼 현실의 포트폴리오가 당초의 자산배분 계획대로 유지되도록 노력하는 것을 포트폴리오의 재조정이라고 한다.

반대로 6개월 사이에 주가가 하락하여 주식형펀드의 비중이 40%로 줄고, 채권형과 MMF에서 그만큼 늘어났을 수도 있다.

이 경우에는 채권형 · MMF에서 늘어난 10%를 팔아서 주식형의 줄어든 부분을 메꾼다. 원래의 비율인 주식형펀드 50%로 되돌려놓는 것이다. 주가가 크게 떨어져서 오를 것 같으니까 주식형펀드의 비중을 높이는게 아니다. 중년 투자자에게 지나치게 보수적인 포트폴리오가 되었기 때문에 중년에게 맞는 포트폴리오로 되돌려 놓는 것이다. 6개월에 한번씩 이런 재조정 작업을 계속해나가는 것이다.

다시 말하면 포트폴리오의 재조정이란, 수익성 향상을 위해서라기 보다는 포트폴리오의 위험도를 줄이기 위한 것이라고 할 수 있다. 이를 또 다른 말로 표현한다면 자산 배분의 왜곡을 시정하기 위한 것이라고도 할 수 있다.

포트폴리오를 재조정하는 방법 또한 앞에 예를 든 것과 같은 정기조정법만 있는 것은 아니다. 당초의 자산배분비율에서 사전에 정해둔 비율(예를 들어 5% 또는 10%)이상의 괴리가 발생했을 때 원래의 비율로 되돌려 놓는 방법도 있다. 이른 바 정율조정법이다. 정율조정법은 시장의 변화에 임기응변으로 대응할 수 있고, 당초의 자산배분 비율로부터의 괴리율이 지나치게 커지는 것을 방지할 수 있다는 점에서 정기조정법보다 효과적이다.

다만 정율조정법을 채택할 경우에는 자산배분비율의 변화 즉, 시황변동에계속 주의를 기울이지 않으면 안된다. 본업을 가진 투자자에게는 상당한 부담이 될 수 있는 것이다.

따라서 평상시에는 정기적으로 조정을 해나가다가 9.11 테러사태나 북한 핵실험 사태 등으로 시황이 급변하는 상황이 발생할 경우에는 일시적으로 정율법을 채택하는 방법을 생각해 볼 수 있다. 미리 정한 재조정시기가 되지 않았다 하더라도 포트폴리오를 점검해보고 원래 비중과의 괴리도가 지나치게 커졌을 때는 그 시점에서 재조정을 하는 것이다. 정기조정과 정율조정의 절충방식이라고 할 수 있을 것이다.

이렇게 6개월에 한번씩 포트폴리오를 재조정하면서 몇 년을 지나면 재산상태나 가족상황 등 자신의 형편에 변화가 생길 수 있다. 리스크를 감당할 수 있는 정도가 바뀐다는 뜻이다. 유산상속으로 생각지 않았던 재산이 생길 수도 있고 직장이 바뀌면서 월급이 줄어들 수도 있다. 1년 후에 집을 살 계획이 생기거나 자녀가 결혼을 하게 됨에 따라 목돈이 필요하게 될 수도 있다. 경제적인 상황 뿐만 아니다. 나이가 들면서 투자기간이 줄어드는 것도 커다란 형편의 변화이다.

예를 들어 60세가 되어 정년 퇴직을 한 투자가에게 주식형 비중 50%는 위험한 포트폴리오이다. 따라서 자신의 리

해설

스크 허용도를 재확인해보고 종래보다는 보수적인 포트폴리오로 바꾸지 않으면 안된다. 이렇게 자신의 형편이 바뀜에 따라서 그에 맞도록 포트폴리오 자체를 바꾸는 것을 포트폴리오의 재배분이라고 한다.

포트폴리오의 재배분은 재조정에 비해 고려해야 할 요소도 많고, 시간이 소요되는 작업이기 때문에 몇 년에 한번씩 하게 된다. 몇 년에 한번씩 자신의 리스크 허용도를 다시 측정해보고 자신의 형편에 맞는 포트폴리오를 짜는 것이다.

선진증시의 투자자들은 대부분 이런 방식으로 투자를 한다. 그들은 주가가 오를 것 같으니까 주식형 펀드를 사고, 주가가 떨어질 것 같으니까 팔아버리는 식으로 투자를 하지 않는다. 시황전망에 따라 자주 사고 파는 방식보다는 이렇게 포트폴리오를 짜서 5년, 10년 장기투자를 하는 것이 성공할 가능성이 높다는 것을 경험했기 때문이다. 우리나라에도 이러한 펀드 포트폴리오 투자방식이 하루 빨리 정착되어야 할 것이다.

주식형		채권형		CMA
50%	+	40%	+	10%
↓		비율변동		
65%	+	28%	+	7%
↓		재조정		
50%	+	40%	+	10%
↓		비율변동		
40%	+	48%	+	12%
↓		재조정		
50%	+	40%	+	10%

해설

23. 해외투자에 성공하려면?

최근 들어 국내투자자의 해외투자가 크게 늘고있다.

지난 해에 국내 주식시장은 거의 수익을 내지 못한 데 비해 중국, 인도 등에 투자하는 펀드는 40~50%의 고수익을 냈다는 것이 해외투자가 늘어난 가장 큰 이유일 것이다. 국내시장이 불안하다 보니 고수익이 기대되는 해외시장을 찾고 있는 것이다. 그뿐 아니다. 과거 해외투자가들이 우리나라 시장에서 고성장의 과실을 얻어갔던 것처럼 우리나라 투자가들도 하기에 따라서는 해외 신흥시장에서 고성장의 과실을 얻을 수 있다는 생각을 하고 있는 것이다.

우리보다 앞서 경제가 성숙단계에 들어간 일본의 경우 투자전문가들은 "적극적인 성향의 투자가라면 보유 금융자산의 50~60% 정도는 해외주식이나 채권에 투자하라"고 조언하고 있다.

일본 투자가만큼은 아니더라도, 우리나라 투자가들도 이

제는 일정 비율의 금융자산을 해외에 투자하는 문제를 고려해야 할 시기가 되었다고도 할 수 있는 것이다.

다만 문제는 왜 해외투자를 해야 하는가, 해외투자에는 어떤 위험이 따르는가 등에 대해 제대로 이해를 하고 해외투자를 하느냐 하는 것이다. 막연히 '중국이나 인도 시장에 투자하면 돈 벌 수 있다더라'는 소문만 믿고 내용도 제대로 알아보지 않은 채 묻지마 식 투자를 하고 있지는 않은지 살펴볼 필요가 있다. 해외투자는 단순히 투자수익율을 목표로 하기 보다는 장기·분산투자의 원칙을 지키면서 단계를 밟아 접근해야 한다는 것이다.

투자형태 또한 개인투자가의 경우에는 주식이나 채권 개별종목에 투자하기 보다는 전문가가 대신 운용해주는 펀드투자가 좋다. 개인들이 해외시장에서 개별종목을 고르고, 사고 팔 시기를 결정한다는 것은 불가능에 가깝기 때문이다.

해외투자를 하려 할 때 가장 먼저 해야 할 것은 투자자의 나이, 재산상태, 투자성향, 투자기간과 같은 투자자 자신의 형편을 고려하여 해외투자 비중을 정하는 일이다.

비중을 정할 때는 해외 주식형펀드와 채권형펀드의 비중을 따로 정해야 하는데, 현재의 국내채권 수익율을 감안할 때 개인투자자의 해외채권투자는 큰 메리트가 없어 보인

해설

다. 환위험, 시장위험 등을 부담하면서 비슷한 신용도를 가진 해외채권에 투자하여 국내채권에서 보다 높은 수익을 내기가 쉽지 않기 때문이다.

따라서 해외 주식형펀드만을 대상으로 한다면 투자자의 형편에 따라 보유자산의 10~30%까지의 투자비중을 고려할 수 있을 것이다.

투자자 자신의 형편을 고려해본 결과 수익률은 낮더라도 원본확보를 최우선시하는 '원본중시형 투자자'이거나, 이자·배당수입은 고려하지만 여전히 원본손실의 위험은 피하고자 하는 '이자·배당중시형 투자자'라면 해외투자는 피하는게 좋을 것이다.

수익률을 추구하면서도 가능한한 원본손실위험을 회피하려고 하는 '이자·배당 및 시세차익 절충형투자자'라면 10%정도의 해외투자를 검토해도 좋을 것이다.

가격변동의 위험을 적극적으로 수용하여 평균이상의 수익을 달성하려고 하는 '시세차익중시형 투자자'라면 25%정도의 해외투자를 고려해 볼 수 있다.

고수익 확보를 위해 투자대상 상품의 시세상승 차익을 중시하는 '시세차익 추구형 투자자'라면 30%정도의 해외투자를 생각해 볼 수 있다. 해외투자비중을 정한 다음에는 투자대상 시장을 선정한다. 여기에서는 국내에 없는 투자상품을 가진 시장인가, 우리나라와는 경제발전단계나 경기사이클이 다르면서 성장가능성이 있는 시장인가를 선정기준으로 해야 할 것이다.

우리와 발전단계가 다른 시장으로는 중국이나 인도 주식시장을 꼽을 수 있다. 이들 시장이 그 동안의 주가상승으로 단기적으로는 조정이 불가피한 측면도 있지만 장기적으로는 여전히 좋은 기업을 고를 수 있는 시장이라고 생각되기 때문이다.

십 수년의 장기불황에서 벗어나 회복국면에 들어와있는 일본 주식시장의 경우는 발전단계 뿐 아니라 우리와 경기사이클이 다른 시장이라는 점에서 투자대상으로 고려해 볼 수 있을 것이다. 그 외에도 세계각국에 유망시장은 많이 있다. 다만, 아무리 유망하다고 소문이 나있더라도 잘 모르는 시장은 피하는게 좋다.

투자대상 시장을 고른 다음에는 시장간의 배분비율을 정해야 한다. 자신이 생각하는 유망도에 따라 비율을 정할 수도 있고, GDP(국내총생산)비율에 따라 기계적으로 배분하는 방법도 있다. 또는 친디아펀드, 아시아소비재펀드 등과 같이 여러 시장에 분산투자하는 펀드를 고르는 방법도 있다.

> 해설

투자대상 시장의 배분비율이 정해진 다음에는 해당시장에 운용하는 펀드를 골라 넣는다.

펀드를 고를 때 가장 먼저 보아야 할 것은 펀드 운용사이다. 신뢰할 수 있고 실력 있는 운용사 인지를 살펴보아야 하는 것이다. 펀드투자에서 절반이상의 성공은 운용사 선정에 달려 있다고 할 수 있다.

펀드 관련 수수료, 관련세제도 꼼꼼히 살펴보아야 한다. 펀드 투자와 관련된 비용은 펀드의 운용성적 못지 않게 투자성과에 영향을 주기 때문이다.

펀드를 사 넣을 때는, 시황전망에 자신이 있을 때에는 일시에 매입해도 좋지만 자신이 없을 경우에는 처음부터 적립식으로 투자를 하거나 일정기간을 정해두고 분할 매수해 나가는게 좋다.

펀드매입이 끝나 투자 포트폴리오가 완성이 되면 이 포트폴리오를 정기적으로 점검해야 한다. 3개월, 6개월 또는 1년의 기간을 정하고 그 기간에 한번씩 포트폴리오가 제대로 유지·관리 되고 있는지를 점검하는 것이다. 그 결과 주가가 올라서 비중이 늘어난 부분은 매각을 하고 줄어든 부분은 추가 매입하는 식으로 포트폴리오의 재조정작업을 계속 해나가는 것이다.

24. 분산투자는 하락국면에서 위력을 발휘한다

 필자는 많지는 않지만, 보유자산을 자산배분의 원칙을 지켜서 부동산과 금융자산에 분산 운용하기 위해 노력하고 있다.

 우선 부동산 : 금융자산의 비율을 5 : 5로 맞추려고 하고 있다. 따라서, 아직은 부동산의 평가액이 금융자산의 평가액보다 많기 때문에, 금융자산이 늘어서 부동산 평가액만큼 되거나 부동산 가격이 떨어져서 금융자산 평가액과 비슷해지지 않는 한, 가격전망에 관계없이 부동산에는 관심을 두고 있지 않다.

 다음에 금융자산은 주식형펀드 50%, 채권형펀드 및 채권개별종목 40%, MMF 10%의 비율로 포트폴리오를 짜서 운용하고 있다.

 포트폴리오를 짤 때, 나이만을 기준으로 한다면 주식이

나 주식형펀드의 비율은 100에서 자신의 나이를 뺀 만큼의 비율이 적정 수준이다. 따라서 60대에 들어선 필자에게 주식형펀드 50%는 약간 공격적인 포트폴리오라고 생각하고 있다. 그러나 주가가 오를 때는 이 포트폴리오 비율을 지켜가기도 말처럼 쉽지 않다. 주식형펀드는 하루에도 상당금액씩 불어나는데 비해, 포트폴리오의 절반을 차지하는 채권형펀드와 MMF는 거의 늘어나지 않거나 금리가 오를 때는 오히려 평가액이 줄어드는 경우도 있기 때문이다.

이런 경우 필자의 아내는 주가가 오르고 있는데 절반의 자금을 수익성 없는 투자에 썩히고 있다고 불평을 하기도 한다. 채권형·MMF를 팔아서 주식형으로 옮겨야 하지 않느냐는 것이다.

그러나 분산투자의 원칙을 지키기 위해서는 주가의 상승 또는 하락으로 포트폴리오의 비율이 바뀌었을 경우, 바뀐 비율을 원래의 비율로 돌려놓지 않으면 안된다. 이것을 포트폴리오의 재조정이라고 한다.

필자는 6개월마다 포트폴리오를 재조정한다는 방침을 정해놓고 있다. 6개월 동안에 주가가 올라 주식형펀드의 비중이 늘었을 경우에는 늘어난 만큼의 비중을 줄여 채권형·MMF로 옮기고, 주가가 떨어져 주식형의 비중이 줄었을 경우에는 그만큼의 채권형 · MMF의 비중이 늘었을 것이기 때문에 그 부분을 팔아 줄어든 주식형으로 옮기는 것이다. 주가가 올랐을 때는 앞으로 떨어질 가능성이 크다고 보고 재조정을 하는게 아니다. 또한 주가가 떨어졌을 경우에는 앞으로는 오를 것이라는 예상 하에 재조정을 하는 것도 아니다. 투자상품의 가격변화로 필자에게는 위험도가 너무 높은 포트폴리오로 바뀌었거나 너무 보수적인 포트폴리오로 바뀌었기 때문에 자신의 형편에 맞는 원래의 포트폴리오로 바꾸어놓는다는 생각에서 재조정을 하는 것이다.

그러나 주가 상승국면에서는 주식을 팔아 비중을 줄인다는게 말처럼 쉽지않다. 앞으로 주가가 더 오를지도 모르는데 미리 팔면 손해보는게 아닌가 하는 생각이 들기 때문이다.

2005년 말에 필자는 바로 그런 경험을 했다. 당시 포트폴리오를 재조정할 시기가 되어 상품별 평가액을 조회해 보았더니 6개월 전에 50%로 시작했던 주식형 펀드의 비율이 65%로 늘어나 있는 것이다. 그 해 가을에 주가가 상당폭 올랐기 때문이다. 따라서 주식형펀드를 일부 매각하여 원래의 비율인 50%로 줄이고 그만큼을 채권형과 MMF로 옮겨야 했다. 그런데 주식형펀드를 팔기가 아깝다는 생각이 드는 것이었다. 특히 필자의 아내가 크게 반대를 하는 것이었다. 주가가 오를 때는 계속 오를 것처럼 보이기 때문이다. 결단을 내려 주식형의 비중을 원래의 비율로 돌려놓기는 했지만 그 후에도 주가가 10일 이상을, 그것도 매일 종합주가지수가 10~20포인트씩 오르는 과정에서 아내로부터 얼마나 핀잔을 들었는지 모른다.

그러나 이럴 때일수록 원칙을 지키지 않으면 안된다. 분산투자의 위력은 주가하락국면에서 나타나기 때문이다.

예를 들어, 1989년 4월 한국종합주가지수가 1000을 돌파했을 때 주가가 더 오를 거라는 생각으로 보유금융자산을 전액 주식으로 계속 보유해왔을 경우와 주식과 채권을 반반씩 보유해왔을 경우를 비교해보면 쉽게 알 수 있다. 전액 주식만 들고 있었다면 10년 후 주가지수가 280까지 떨어졌을 때 엄청난 손해를 보았을 것이다. 그러나 50%를 채권으로 보유했다면, 90년대의 평균금리 12%로만 운용했어도 채권투자분은 3.2배로 늘어날 수 있었다. 주식의 손실 부분을 메우고도 상당한 수익을 올릴 수 있었다는 계산이 되는 것이다. 이와 비슷한 사례는 국내외 증시역사를 살펴보면 얼마든지 많이 나타난다.

또한, 분산투자의 방식이 주식, 채권, MMF 및 예금과 같은 3대 금융자산에 분산하는 방식만 있는 것도 아니다.

같은 주식인 경우에도 내수주와 수출주, 국내주식과 해외주식 등에 분산시키는 것도 중요하다.

문제는 분산의 시기이다. 주가가 천정에 이를 무렵에 주식의 비중을 크게 줄이고, 바닥직전에서 크게 늘린다면 가장 좋겠지만 그런 예측을 한다는 것이 불가능에 가깝다. 오를 때는 한없이 오를 것 같고 떨어질 때는 한없이 떨어질 것처럼 보이기 때문이다.

가격의 변동은 그 움직임 자체가 투자자의 판단을 왜곡시키는 힘을 갖고 있다. 따라서 이러한 가격변동의 마력에 휘둘리지 않는게 중요하다. 하락국면에서나 상승국면에서나 일관성 있게 분산의 원칙을 지켜나가는 것이 성공투자에 이르는 최선의 방법인 것이다.

25. 훌륭한 자산운용의 주치의 FP를 만나라

지금까지 11회에 걸쳐 지금과 같은 저금리·고령화시대에 어떻게 자산운용을 해야 하는가에 대한 필자의 의견을 소개했다.

자산운용에 왕도는 없다. 우선은 부동산에 편중된 자산보유 구조를 바꾸어야 한다. 부동산 불패신화에서 벗어나야 하는 것이다. 전체보유자산중에서 금융자산에 비중을 점차 늘려가야 한다. 60대의 투자자라면 부동산과 금융자산에 비율 5:5정도를 목표로 하는 것이 바람직하지 않을까 생각된다.

금융자산운용은, 특별한 능력을 가진 사람이 아니라면, 전문가가 대신 운용을 해주는 펀드로 하는 것이 좋다. 투자하려는 자금이 소액일 경우에는 적립식으로, 목돈일 경우에는 자신의 형편에 맞게 포트폴리오를 짜서 주식형펀드, 채권형펀드, MMF에 나누어 투자하는 것이 바람직하다. 일단 포트폴리오를 짜서 투자를 한뒤에는 그 포트폴리오가 제대로 유지, 관리되고 있는지를 정기적으로 점검해야 한다. 이상이 지금까지 소개한 내용이었다.

그런데 개인투자자가 혼자의 힘만으로는 자산운용과 관련된 판단을 하기가 쉽지 않다. 전문가의 도움을 받지 않으면 안된다는 것이다.

우리가 몸이 아플 때에 대비하여 주치의, 즉 의사가 필요한 것처럼 자산운용에 성공하기 위해서는 훌륭한 자산운용의 주치의를 만나야 하는것이다. 이 주치의의 역할을 하는 전문가를 FP(Financial Planner)라고 부른다.

물론 FP라는 명함을 갖고 있다고 해서 이들 모두가 「자산운용의 주치의」라고 할 만큼 실력 있고 신뢰할만한 전문가라고 단정할 수는 없다. 금융과 관련된 지식 뿐 아니라 고객과의 커뮤니케이션 능력을 갖추는 게 쉽질 않기 때문이다. 따라서 다음 몇 가지의 체크 포인트를 갖고 실력파 FP를 선별할 필요가 있다.

첫째, 갑작스런 상담에도 대응을 해주는가?

살다 보면 갑작스런 사태가 발생할 수 있고, 자산운용계획을 근본적으로 바꾸지는 않는다 하더라도 다소 수정해야 할 일이 생길 수도 있다. 이런 때에 부담 없이 연락을 하여

해설

상담을 할 수 있는 FP이어야 하는 것이다.

둘째, 시간을 들여 고객을 이해하려고 하는가?

자산운용의 어드바이스를 받으려면 투자자 자신의 개인적인 사정을 자세히 이야기해야 하지만 처음부터 그러기가 쉽지 않다. 그런데 만나자마자 성급하게 이것 저것 개인적인 사정을 질문 하는 FP가 있다면 이는 인간관계의 기본을 잘 모르고 있다는 증거이다. 이런 FP는 피하는게 좋다. 물론 신뢰할만한 FP라고 판단된다면 FP의 질문에 대해 솔직하게 대답하는 것이 자산운용에 도움이 된다.

셋째, 고객의 생각을 자연스럽게 끌어내려고 하는가?

만나자마자 "재산이 얼마나 되지요?", "자산형성의 목표는 무엇이지요?"라고 묻는 FP 또한 훌륭한 FP라고 할 수 없다. 자연스럽게 신뢰하는 가운데 시간을 들여 고객의 생각을 끌어낼 수 있는 FP가 훌륭한 FP인 것이다.

넷째, 고객의 입장에서 조언을 하는가?

"손님의 인생관에는 문제가 있는데요?"이런 식으로 설교를 하려고 하는 FP가 있다면 이 또한 피해야 한다. FP는 자산형성의 조언자이지 고객의 인생관을 비판할 입장에 있는 사람이 아니기 때문이다. 물론 불가능한 고객의 요구에는 불가능하다고 확실하게 대답해야 하지만 어디까지나 고객의 입장에서 조언을 해주는 FP이어야 하는 것이다.

다섯째, 자신의 방법을 알기 쉽게 설명할 수 있는가?

자신의 투자이념, 운용방법 등을 고객의 눈높이에 맞추어 알기 쉽게 설명해줄 수 있는 FP이어야 한다.

여섯째, 말과 행동이 일치하고 있는가?

가끔 보면 고객에게는 그럴 듯한 투자이념을 늘어놓으면서 자신은 딴 짓을 하는 FP가 있는데 이 또한 믿고 맡길 수 있는 FP라고 할 수 없다.

그런데 증권사나 은행에 속해있는 FP의 경우에는 고객의 입장에 서서 상담을 한다고 하면서도 구체적인 운용상품을 선택하는 단계에 이르면 어쩔 수 없이 자사계열의 금융상품을 제시하는 경우가 많다. 다른 금융기관에 보다 좋은 금융상품이 있다는 것을 알고 있더라도 그 상품을 추천해줄 수 없기 때문이다.

따라서 선진국의 경우에는 독립FP가 제도적으로 인정되어 있다. 이들은 특정 금융기관에 속해있지 않기 때문에 중립적인 입장에서 투자상담을 해준다. 많은 금융상품 중에서 고객의 라이프스타일에 가장 적합한 상품을 제시해주고, 고객자산의 운용상황을 지켜보면서 그때 그때의 형편에 맞는 조언을 해주는 것이다. 기업내 FP가 소속금융기관의

> 해설

금융상품을 파는 판매대리인이라면 독립FP는 고객을 대신해서 금융상품을 구매하는 구매대리인이라고 할 수 있는 것이다.

뿐만 아니라 선진국의 FP들은 기업내 FP인 경우에도, 소속회사의 상품을 파는 판매대리인이라는 생각보다는, 고객의 구매대리인이라는 생각으로 영업을 하는 FP가 많다. 이들은 고객의 자산운용을 도와준 대가로 고객으로부터 보수를 받는 것이지, 그 보수를 소속 금융기관으로부터 받는 게 아니라는 생각이 철저하다.

우리나라에는 아직 투자상품에 대한 독립FP가 제도적으로 인정되어 있지 않기 때문에 독립FP의 조언을 받기가 쉽지 않다. 따라서 기업내 FP이면서도 자세만은 판매대리인이 아닌 구매대리인의 자세로 일을 하는 FP를 만나지 않으면 안되는 것이다.

이상과 같은 선별과정을 통해 신뢰할 수 있고 실력이 있다고 생각되는 FP를 만나면, 한 두번의 거래로 끝나지 말고, 평생을 사귀면서 도움을 받는 것이 좋다. 자산운용의 성공은 훌륭한 자산운용의 주치의를 만나는 데에 달려 있다고 할 수 있기 때문이다.

26. 현명한 투자자는
　　　기업·사회를 바꾼다.

　저축의 시대에서 투자의 시대로. 최근 들어 자주 눈에 띄는 케치프레이즈이다. 가계금융자산을 늘려가는 데는 저축상품보다 투자상품에 운용하지 않으면 안되는 시대에 들어섰다는 뜻일 것이다.

　예금금리가 두 자리 수이던 시절에는 저축에서 얻게 되는 금리수입만으로도 금융자산을 불려가는데 큰 어려움이 없었다. 그러나 지금과 같은 저금리 시대에는 낮은 금리수입만으로 금융자산을 불려가기가 쉽지 않다. 위험이 따르더라도 투자상품에 운용하지 않고서는 고수익을 기대하기가 어렵게 된 것이다.

　저축의 시대에서 투자의 시대로 바뀌어 가고 있는 모습은 가계금융자산 통계에서도 찾아볼 수 있다. 수년 전까지만 해도 60%가까이를 차지하던 예금의 비중이 46%정도로 낮아진 반면 투자상품의 비중은 30%를 넘어섰다(2006년 6월말 현재). 경제활동인구 6.5명중 1명은 주식을 보유하고 있고(증권선물거래소 통계), 펀드에 투자하고 있는 계좌수는 1245만 계좌에 이른다(자산운용협회 통계). 펀드와 보험·연금을 결합한 투자상품인 변액유니버셜, 변액연금보험의 판매량도 급속하게 늘고있다.

선진국의 경험을 보면, 저축의 시대에서 투자의 시대로 이행해야 할 시기에 순조롭게 이행한 나라와 그렇지 못한 나라 사이에는, 그 뒤에 가계금융자산의 효율적인 운용면에서나 실물경제의 활성화 측면에서 커다란 차이를 보였음을 알 수 있다.

예를 들어 1990년대의 미국경제의 활성화는 가계금융자산이 투자상품을 통해 증권시장에 유입되었기 때문에 가능했다고 할 수 있다. 위험이 따르더라도 꿈이 있는 미래의 기업이 증권시장에서 자금을 조달할 수 있었기 때문이다. IT산업과 리스크머니(투자자금)가 모이는 증권시장이 상호작용을 하여 1990년대의 미국경제를 이끌었다는 말이 나올 정도였다.

반면에 일본경제는 1990년대 이후 십 수년 동안 장기침체를 보였는데, 그 배경에는 필요한 시기에 투자의 시대로 순조롭게 이행하지 못한 때문이라는 점도 크게 작용했다고 할 수 있다. 대부분의 가계금융자산이 원리금이 보장된 저축상품에 유입되어 있었고, 이 저축자금의 운용을 책임져야 하는 금융기관은 투자위험을 겁내어, 미래에 꿈은 있더라도 대출금을 떼일 것 같은 기업에는 투자하기를 꺼렸기 때문이다.

그런데 저축의 시대에서 투자의 시대로의 이행은 금리수준이 낮아진다고 해서 자동적으로 이루어지는 것은 아니다. 올바른 투자문화가 정착되어 있지 않으면 안되는 것이다. 그 중에서도 특히 현명한 투자자의 역할이 중요하다.

여기에서 현명한 투자자란, 돈만 벌 수 있다면 어떤 기업의 주식이든 상관하지 않고 샀다 팔았다를 반복해서 수익을 내겠다는 투자자를 말하는게 아니다.

우리사회에 꼭 필요한 기업을 응원한다는 생각으로 그 기업이 어려울 때 따라서 그 기업의 주식이 제값을 받고 있지 못할 때 그 주식을 사서 3년 또는 5년까지는 기다리겠다는 자세로 장기 투자하는 투자자를 현명한 투자자라고 할 수 있다.

지구환경이나 인간다운 생활을 중시하는 개인, 개인이 자신과 같은 가치관을 추구하고 있다고 여겨지는 기업이

> 해설

있으면 투자를 통해 그 기업을 응원하고, 반대로 기업경영이 이상한 방향으로 탈선해 나갈 때는 이를 견제하기로 한다. 이것이 현명한 투자자 즉, 장기투자의 역할인 것이다.

현명한 투자자는 이상을 추구하는 투자자라고도 할 수 있다. 현명한 투자자가 많아지면 많아질수록 투자자들이 그리는 이상형에 가깝도록 기업과 사회를 바꾸어 나갈 수도 있는 것이다.

그렇다면 경제나 기업경영을 분석 할 수 있는 능력이 없고, 따라서 운용능력이 없는 일반투자자들은 현명한 투자자가 될 수 없다는 것인가? 그렇지는 않다. 현명한 자산운용사가 본격적으로 장기운용을 하는 펀드에 가입하면 된다. 이런 펀드에 장기투자를 하면 우리나라 경제사회의 확대발전에 기여하면서 결과적으로는 높은 투자성과를 올릴 수 있는 것이다.

27. 왜 직접금융인가?

 선진국의 기업금융구조를 살펴보면 1980년대까지는 미국·영국형과 일본·독일형으로 뚜렷하게 나뉘어져 있었다. 일본·독일형은 국민들의 금융자산이 대부분 은행에 모이고 은행은 여기에서 모은 자금을 자기 책임하에 기업에 빌려주는 구조이다. 이른바 간접금융 중심의 금융구조인 것이다. 이때 은행에 예금된 자금의 운용결과는 은행에서 책임을 진다. 기업에 빌려준 자금을 떼이더라도 예금자들에게는 약속한 원리금을 지급해야 하는 것이다.

 반면에 미국·영국형은 기업이 외부자금을 조달해야 할 필요가 있을 경우 대부분의 자금을 주식이나 채권, CP(단기기업어음)등을 발행해서 직접 투자가들에게 팔아 자금을 조달하는 구조이다. 이른바 직접금융 중심의 금융구조인 것이다. 이때 증권회사나 은행은 기업과 투자가 사이에서 단순 중개만을 한다. 따라서 주식의 값이 떨어지거나 채권, CP 등이 지급불능상태가 되더라도 투자자들은 매입을 중

해설

개한 증권회사나 은행에 대해 손해 본 것을 물어내라고 할 수 없다. 투자결과는 투자가 자신의 책임이기 때문이다.

그런데 1980년대까지만 해도 일본·독일 경제에서 간접금융중심의 금융구조는 그다지 문제가 되지 않았다. 오히려 더 강점으로 작용한 측면도 있다. 조선, 철강, 자동차, 가전 등과 같이 제품의 라이프사이클이 긴 중후장대산업이 경제의 주류를 이루던 시기에는 간접금융시스템과 충성스러운 종업원이 일본과 독일 경제의 경쟁력의 원천이었다고도 할 수 있는 것이다.

예를 들어 신일본제철이 미국의 US스틸과 경쟁을 해서 이길 수 있었던 것은 효율성 높은 설비와 저렴한 인건비에 의한 것이었다. 신일본제철은 US스틸보다 20~30년 뒤에 간접금융방식으로 대량의 자금을 차입하여 최신설비를 갖추었다. 따라서 US스틸에 비해 효율성이 높을 수밖에 없었다. 임금수준도 미국보다 일본이 절대적으로 낮은데다가 근로자들의 평균연령도 신일본제철이 훨씬 낮았다. 당시의 일본기업의 신입사원 채용방식 또한 대학에서 공부 잘하고 기발한 아이디어를 낼 수 있는 사람보다 운동부 출신, 응원단장출신 등 합심단결하여 일할 수 있는 사람을 우대하는 방식이었다. 인건비, 생산성측면에서 신일본제철이 경쟁력을 가질 수밖에 없었던 것이다.

똑같은 현상이 신일본제철과 POSCO사이에서도 나타났다. 2년 전에 일본의 한 철강담당 애널리스트는 POSCO가 신일본제철에 비해 10%의 가격경쟁력을 갖고 있다는 분석자료를 낸 일이 있다. 똑같은 품질의 제품을 POSCO가 신일본제철보다 10% 싸게 만든다는 것이다. 이 때문에 해외 투자가들은 신일본제철의 주식은 거의 갖고 있지 않지만 POSCO의 주식은 60% 안팎이나 보유하고 있다는 것이다.

그렇다면 POSCO의 10% 가격경쟁력의 원천은 무엇인가? US스틸과 신일본제철의 관계 바로 그대로이다. 우선 POSCO가 신일본제철보다 20~30년 늦게 만들어졌기 때문에 설비의 효율이 높다. 또한 신일본제철의 근로자들은 40~50대에 몰려 있는 반면 POSCO는 30~40대에 몰려 있다. POSCO가 근로자의 평균연령이 낮을 뿐만 아니라 절대적인 임금수준 또한 낮은 것이다. 이것이 POSCO의 가격경쟁력의 원천인 것이다.

그런데 그 일본인 애널리스트는 10년쯤 지나면 사정은 달라질 것이라고 예측을 했다. 그때쯤이면 신일본제철의 설비도 최신설비로 대체될 것이고 40~50대 근로자들은 정년퇴직을 하려 젊은 근로자들로 바뀔 것이기 때문이라는 것이

> 해설

다. 반면에 POSCO는 설비가 점차 노후화되고 근로자의 구성도 40~50대가 주류를 이루게 되어 생산성이 떨어질 수밖에 없다는 것이다. 의미심장한 지적이 아닐 수 없다.

어쨌든 1980년대 까지만 해도 일본·독일의 간접금융중심의 금융구조와 노동시장의 경직성은 별로 문제화되지 않았다. 그러던 것이 1990년대에 들어서면서부터 간접금융 시스템의 문제점이 지적되기 시작했다. 이후부터 일본·독일 두 나라의 정책당국은 기업금융구조를 직접금융 중심으로 바꾸기 위해 엄청난 노력을 해오고 있다. 일본은 1996년에 우주를 폭발 시키듯이 금융과 관련된 규제를 철폐하겠다는 취지 하에 일본판 금융 빅뱅을 선언했다. 빅뱅의 목적은 직접금융의 비중을 높이겠다는 것이었다. 독일의 자본시장활성화 정책 또한 똑같은 취지에서 취해진 조치였다.

이들 두 나라는 금융구조를 바꾸기 위해 왜 그토록 애를 쓰고 있는 것인가? 무엇이 달라진 것인가? 여러 가지 측면에서 분석이 가능하겠지만 가장 큰 이유 중의 하나는 제품의 라이프사이클이 짧아지고 IT산업과 같이 사업의 위험도 또는 불확실성이 높은 산업이 경제의 중심을 이루게된데 있다고 보아야 할 것이다.

1980년대 후반 필자가 일본에서 근무하던 시절의 일이다. 하루는 IT담당 애널리스트가 필자를 찾아와 일본의 ○○은행이 소프트뱅크에 상당한 자금을 대출했는데 무엇을 믿고 그런 대출을 했는지 모르겠다는 말을 했다. 재일교포 손정의씨가 경영하는 소프트뱅크는 당시에도 상당히 유명한 회사였다. 필자는 그 회사가 유망하니까 빌려주었겠지, 무엇이 이상하냐고 반문을 했다. 그런데 애널리스트의 대답이 의외였다. "소프트뱅크는 특별한 설비를 갖고 있는 것도 아니고 손정의씨 머릿속에 다 들어있습니다. 손정의씨가 간염에 걸렸다는 소문도 있는데 만약에 그 분이 죽기라도 하면 끝장 날지도 모르는 그런 위험한 회사에 은행이 그렇게 큰 금액을 대출해주다니 이상하지 않습니까?"

그렇다. 은행은 원리금이 보장되어 있는 예금을 받아 자기 책임하에 대출을 한다. 따라서 장래의 성장성보다는 확실한 담보가 있거나 재무내용이 좋아서 대출한 돈을 떼일 염려가 없는 곳에 빌려주어야 하는 것이다. 나중에 아무리 큰 돈을 벌만한 가능성이 있더라도 사업위험도가 높은 소프트뱅크 같은 회사에 대출을 해서는 안되는 것이다. 그런데도 불구하고 소프트뱅크에 대출을 해주기로 결정한 은행지점은 대단한 소신가이거나 비정상적인 은행원이라고 해야 할 것이다. 이것이 IT담당 애널리스트의 주장이었다.

아닌게 아니라 당시에 대출을 해주기로 결정한 지점장은 손정의씨가 그의 자서전에서 자신이 오늘의 성공이 있도록 도와준 3대 은인의 한 사람으로 꼽고 있었다. 당시로서는 소프트뱅크에 대한 은행대출이 그 정도로 이례적인 것이었다는 뜻이다.

그렇다면 크게 성공할 가능성은 있지만 사업의 위험도가 높고 재무내용도 좋지 않은 회사에는 어떤 성격의 자금이 들어가야 하는가? 이런 곳에 투자되는 자금을 일반적으로 리스크 머니(Risk Money)라고 부른다. 성공하면 크게 수익을 올릴 수 있지만 실패하면 큰 손해를 볼 수도 있다는 뜻에서 리스크 머니인 것이다.

리스크 머니 중에서도 가장 높은 위험도를 각오하는 자금이 벤쳐캐피탈(Venture Capital) 또는 엔젤 펀드(Angel Fund)이다. 이들 자금은 10개를 투자해서 하나만 대박(?) 터지면 본전이고 두개 이상만 대박 터지면 성공이라고 생각하는 자금이다. 나머지는 투자한 것이 휴지쪽이 되어도 크게 놀라지 않는다. 성격만으로 보면 로또 복권과 다를 바 없는 것이다. 이보다 위험도가 좀 낮은 것이 코스닥종목 투자, 그 다음이 증권거래소 상장종목 투자라고 할 수 있다.

미국의 한 경제학자는 1990년대 미국 경제의 고성장은 IT산업과 리스크 머니가 모이는 자본시장의 상호작용에 의해 이루어졌다는 말을 했다. 실리콘벨리, 나스닥, 뉴욕 증권거래소 시장과 같은 리스크 머니가 모이는 자본시장이 발전되어 있지 않았더라면 미국의 IT산업은 오늘날과 같은 발전을 보일 수가 없었다는 뜻이다. 비록 지금은 재무내용도 좋지 않고 사업위험성이 큰 기업이더라도 미래에 큰 꿈을 가진 기업이 자금 조달을 할 수 있으려면 리스크 머니가 모이는 직접금융시장, 즉 자본시장이 발전해있지 않으면 안되는 것이다.

　일본·독일이 직접금융시장을 발전시키기 위해 노력하고 있는 이유가 바로 여기에 있는 것이다.

28. 왜 지금 CFO가 주목을 받고 있는가?

최근 몇 년 전부터 CFO(Chief Financial Officer)라는 직책을 부여하고 있는 회사가 늘고 있다. 문자 그대로 최고 재무 책임자라는 뜻이겠는데 종래 같으면 재무·경리 담당 임원 정도로 불렀을 것이다. 이들 회사들이 구태여 CFO라는 직책을 부여하고 있는 데는 직접금융중심의 기업금융구조와 미국식의 주주중시경영제도 도입이라는 시대적 배경이 영향을 주고 있지 않나 생각된다.

기업 내에서 CFO의 역할이 가장 두드러지고 있는 나라는 미국이다. 미국에서는 이미 1970년대부터 CFO라는 명칭을 사용해온 것으로 알려지고 있다. CFO의 역할도 처음에는 예산관리, 재무보고서 작성, 자금조달 및 운용과 같은 경리와 재무상의 업무에 한정되어 있던 것이 "기업가치의 증대"를 목표로 회사 전체를 이끌어가는 역할로 바뀌어

왔다. 회사 내 서열도 두 번째나 세 번째인 경우가 많으며 직함의 명칭도 기업전략 및 재무담당부사장과 같은 명칭으로 바뀌었다. 사업전략과 재무전략을 긴밀하게 연계시켜 기업가치를 창조하고 기업의 장래비전을 만들어 내는 것이 CFO의 역할로 자리잡은 것이다. 기업에 따라서는 우수한 CFO를 고액연봉 조건으로 스카우트하는 경우도 많다. CFO의 수완에 따라 주가의 방향성과 회사채의 신용 등급에 영향을 준다고 믿기 때문이다.

뿐만 아니다. 기업을 공개하고 있는 기업에서 CFO는 CEO(Chief Executive Officer : 최고경영자)의 등용문이라는 말이 나올 정도이다. 1999년에 미국의 대기업 1000개사를 대상으로 CEO의 출신부문 조사를 한 자료에 의하면 재무부문이 26.4%로 가장 높은 비중을 차지하고 있다. 다음이 영업·마케팅 부문 21.7%, 기술·엔지니어 출신 19.3% 등의 순으로 되어있다. 같은 시기에 일본 대기업을 대상으로 한 조사결과를 보면 재무부문 출신은 3%에 지나지 않았다. 기술·엔지니어 부문 출신(23.8%), 영업·마케팅 부문 출신(18.8%)과는 비교가 되지 않을 정도로 낮은 비중인 것이다.

미국에서 CFO의 역할이 이렇게 중요하게 된 것은 직접금융중심의 금융구조와 관련이 있다. 미국기업은, 많을 때는, 연간 외부자금 조달액의 90%정도를 주식, 채권, CP 등의 유가증권 발행으로 조달할 정도로 직접금융비중이 높다.

주식의 소유 구조면에서도 우리나라 일본에서와 같은 정책적인 주식보유가 거의 없기 때문에 CEO는 경영의 목표를 주주이익의 추구와 주가의 상승에 두지 않을 수 없게 되어 있다. 경영진은 투자가와 애널리스트의 요구에 부응하여 철저하게 주주이익중심의 경영을 하지 않을 수 없는 것이다. 수익력이 뒷받침되지 않아 주가가 떨어질 것으로 예상되면 과감하게 리스트럭처링을 단행한다. 뿐만 아니다. 경영진은 많은 시간을 "투자가와의 대화"에 할애하여 자기회사에 대한 시장의 평가를 높이기 위해 노력하고 있다. 한마디로 주주 중시 또는 주가 중시 경영이라고 할 수 있으며 이런 일을 주도하는 것이 CFO의 역할인 것이다.

이상과 같은 미국기업의 사례를 볼 때 우리나라에서도 CFO의 역할을 중시하는 기업이 늘어가고 있다는 것은 높이 평가할 만한 일이다. IMF금융위기 이후 우리나라의 기업금융도 급속하게 직접금융중심의 구조로 바뀌었기 때문이다. 상장기업 뿐만 아니라 KOSDAQ 등록기업, 나아가서는 설립한지 얼마 안되는 벤처기업까지도 자본시장에서 직접 자금을 조달하는 시대가 된 것이다. 이들 기업이 앞으로도 직접금융 특히 주식발행을 통해 기업 성장을 추구하려 한다면, 투자가 중시, 주가 중시의 경영을 하겠다는 각오를 하지 않으면 안되는 시대가 된 것이다.

따라서 CFO는 종래의 경리담당 임원이 해오던 것처럼 경리장부나 정리하고 은행에서 자금이나 차입해 오는 것만으로 역할이 끝난다고 생각해서는 안된다. 최고재무책임자라는 직책에 맞게 기업 가치를 증대시키는 것이 자신의 역할이라는 생각으로 사내의 경영 개혁에도 명확한 리더십을 발휘할 수 있어야 하는 것이다.

CFO는 우선 재무, 경리, 자본시장에 대한 폭 넓은 지식과 회사의 경영방향을 대국적으로 파악할 수 있는 능력 그리고 금융시장과의 대화를 통해 유용한 경영정보를 입수할 수 있는 능력을 배양하는 것이 시급하다. 나아가 경영에 투자가의 의견이 제대로 반영되고 기업과 주주 그리고 기타 투자관계자 사이에 의사소통이 원활하게 이루어져 시장에서 높은 평가를 받을 수 있도록 하지 않으면 안되는 것이다. 이 일을 위해 CEO에게 수시로 제안을 하고 때로는 고언(苦言)도 할 수 있어야 하는 것이다.

CEO 또한 CFO의 역할을 제대로 인식하지 않으면 안된

해설

다. CFO의 역할을 자금이나 조달해오고 주가관리를 위해 펀드매니저나 애널리스트들을 쫓아다니는 일 정도로 생각해서는 안된다는 것이다. CFO가 얼마나 유능한가에 따라 기업의 가치가 변하고 주가의 방향성이 결정되는 것은 미국 기업에서만 있는 일이 아니다. 우리나라 기업에서도 얼마든지 나타날 수 있는 시대가 되었다.

CEO가 성공하기 위해 해야 할 가장 중요한 일 중의 하나가 유능한 CFO를 등용하는 것이라는 점을 명심해야 하는 시대인 것이다.

가장 확실한 노후대비

1판 1쇄 찍음 / 2007년 8월 8일
1판 1쇄 펴냄 / 2007년 8월 10일

지은이 / 강창희
펴낸이 / 박창조
영업부 / 배동선 차장, 최진균 과장
총무부 / 박숙제 부장
독자담당 / 김유미
디자인 / 아이앤티
펴낸곳 / 아름다운사회

출판등록일자 / 1995년 7월 19일
등록번호 / 제5-180호

주소 / 경기도 하남시 감북동 125 ⓟ465-180
대표전화 / (02)479-0023
팩시밀리 / (02)479-0538
E-mail / assapub@naver.com

ISBN : 978-89-5793-142-4 03320

* 잘못된 책은 교환해 드립니다.

6,000원